Escribe y publica tu obra: Todo lo que necesitas saber sobre el negocio de la Autopublicación

Cinematografía, el guion y Redacción artística, Volume 1

Wilmer Antonio Velásquez Peraza

Published by Wilmer Antonio Velásquez Peraza, 2025.

ESCRIBE Y PUBLICA TU OBRA: TODO LO QUE NECESITAS SABER SOBRE EL NEGOCIO DE LA AUTOPUBLICACIÓN

First edition. April 2, 2025.

ISBN: 979-8230600244

Written by Wilmer Antonio Velásquez Peraza.

Escribe y publica tu obra: Todo lo que necesitas saber sobre el negocio de la Autopublicación

Tabla de contenidos:

Escribe y publica tu obra: Todo lo que necesitas saber sobre el negocio de la Autopublicación

Capítulo 1: Introducción a la Autopublicación

Qué es la autopublicación

La autopublicación es un proceso que permite a los escritores independientes publicar sus obras sin la necesidad de pasar por una editorial tradicional. A través de plataformas digitales, como Amazon Kindle Direct Publishing o Smashwords, los autores pueden subir sus manuscritos, diseñar portadas y establecer precios, todo de manera directa y sin intermediarios. Este modelo de publicación ha crecido en popularidad en los últimos años, brindando a los escritores noveles una oportunidad única para compartir sus historias con el mundo.

Una de las principales ventajas de la autopublicación es el control que otorga al autor sobre cada aspecto del proceso editorial. Desde la elección del título hasta el diseño de la cubierta y la estrategia de marketing, los escritores tienen la libertad de tomar decisiones que reflejen su visión creativa. Además, esto permite que los autores puedan ajustar sus estrategias en tiempo real, respondiendo a las tendencias del mercado y a las preferencias de los lectores de forma más rápida y efectiva.

Sin embargo, la autopublicación también conlleva responsabilidades significativas. Los escritores deben asumir el rol de editores, diseñadores y especialistas en marketing, lo cual puede resultar abrumador, especialmente para quienes recién comienzan. Es crucial que los autores inviertan tiempo en aprender sobre técnicas de edición, estrategias de pricing y marketing en redes sociales para maximizar su alcance y efectividad. En este sentido, formarse adecuadamente puede marcar la diferencia entre un libro que pasa desapercibido y uno que se convierte en un éxito.

La creación de una marca personal sólida es otro aspecto fundamental de la autopublicación. Los escritores deben trabajar en construir una presencia en redes sociales, interactuar con sus lectores y fomentar una comunidad en torno a sus obras. Esto no solo ayuda en la promoción de sus libros, sino que también establece una conexión emocional con el público, lo cual es esencial para el éxito a largo plazo. Herramientas como newsletters y la gestión de reseñas son clave para mantener el interés y la lealtad de los lectores.

Finalmente, la autopublicación ofrece a los escritores la posibilidad de obtener una remuneración más alta por sus esfuerzos. Al eliminar a los intermediarios, los autores pueden recibir un porcentaje mayor de las ganancias por cada libro vendido. No obstante, es esencial que los escritores comprendan el panorama del mercado y apliquen estrategias de marketing efectivas para posicionar sus libros de manera competitiva. Con dedicación y una planificación adecuada, la autopublicación puede ser un camino gratificante para los escritores que buscan hacerse un nombre en la industria literaria.

Historia de la autopublicación

La historia de la autopublicación se remonta a tiempos en los que los escritores dependían exclusivamente de las editoriales tradicionales para dar a conocer sus obras. Sin embargo, con el avance de la tecnología y la digitalización, esta dinámica comenzó a transformarse. A finales del siglo XX y principios del XXI, el auge de internet y las plataformas digitales permitió a los autores tomar el control de su proceso de publicación. Este cambio no solo democratizó el acceso a la publicación, sino que también facilitó que escritores noveles y emergentes pudieran compartir sus historias sin las barreras que tradicionalmente imponían las editoriales.

Con el surgimiento de plataformas como Amazon Kindle Direct Publishing, los autores encontraron una vía directa para llegar a sus lectores. Esto no solo significó la eliminación de intermediarios, sino también la posibilidad de obtener mayores porcentajes de regalías. Este fenómeno atrajo a una gran cantidad de escritores que, antes de esta revolución, no podían ver sus obras publicadas. La autopublicación se convirtió en una alternativa viable para muchos, lo que llevó a un aumento en la producción literaria y a una diversificación de géneros y estilos que antes no tenían representación en el ámbito tradicional.

A medida que la autopublicación fue ganando popularidad, también surgió la necesidad de estrategias y técnicas específicas para que los autores pudieran destacar en un mercado saturado. Los escritores novatos comenzaron a aprender sobre la importancia de crear portadas atractivas, desarrollar un plan de marketing y utilizar las redes sociales para construir una presencia sólida. Estas herramientas se volvieron esenciales para aquellos que deseaban no solo publicar, sino también vender sus libros y establecer una marca personal fuerte en el competitivo mundo literario.

La gestión de reseñas y testimonios se convirtió en otro aspecto crucial de la autopublicación. Los autores aprendieron que las opiniones de los lectores podían influir significativamente en las decisiones de compra. Así, el fomento de comunidades de lectores en redes sociales y el uso de newsletters permitieron a los escritores interactuar directamente con su audiencia, facilitando un diálogo que enriquecía tanto al autor como a los lectores. Esta interacción no solo ayudó a construir lealtad, sino que también proporcionó valiosos comentarios para futuras obras.

Por último, la autopublicación ha transformado la forma en que los escritores piensan sobre su carrera literaria. Ya no se trata solo de escribir un libro, sino de gestionar una marca rentable y sostenible. Desde el desarrollo de técnicas de edición y corrección hasta la planificación de estrategias de pricing, los autores deben abordar su trabajo con una perspectiva empresarial. En este nuevo paradigma, la colaboración y el networking se han vuelto fundamentales, permitiendo a los escritores independientes apoyarse mutuamente y crear un ecosistema literario vibrante y diverso.

Ventajas y desventajas de la autopublicación

La autopublicación ha ganado popularidad en los últimos años, ofreciendo a los escritores un camino alternativo a la publicación tradicional. Una de las principales ventajas de la autopublicación es el control completo que proporciona al autor sobre su obra. Desde la creación del contenido hasta el diseño de la portada y la fijación del precio, los escritores pueden tomar decisiones que reflejen su visión artística y sus objetivos comerciales. Esto les permite experimentar con diferentes enfoques y adaptar su estrategia según la respuesta del mercado, lo que puede resultar en una experiencia de publicación más personalizada y satisfactoria.

Otra ventaja significativa es la posibilidad de obtener mayores regalías. A diferencia de las editoriales tradicionales, que suelen retener una gran parte de los ingresos por ventas, los autores autopublicados pueden quedarse con un porcentaje mucho mayor. Esto es especialmente atractivo para aquellos que buscan maximizar sus ingresos y construir una carrera sostenible en la escritura. Además, las plataformas digitales permiten a los escritores acceder a un mercado global, ampliando así su audiencia potencial y aumentando las oportunidades de venta.

Sin embargo, la autopublicación también presenta desventajas que los escritores deben considerar. Una de las más notables es la falta de apoyo profesional que a menudo se recibe de las editoriales. Los autores autopublicados deben asumir múltiples roles, desde escritor y editor hasta especialista en marketing y diseñador gráfico. Esto puede ser abrumador, especialmente para aquellos que son nuevos en el mundo de la escritura y la publicación. La carga de trabajo adicional puede llevar a la frustración y, en algunos casos, a una calidad de publicación inferior si no se invierte el tiempo y los recursos necesarios en la edición y el diseño.

Además, la autopublicación puede implicar un desafío considerable en términos de visibilidad y comercialización. En un mercado saturado, los autores deben desarrollar estrategias efectivas para destacar entre la multitud. Esto implica no solo la creación de un producto de calidad, sino también la construcción de una marca personal y una presencia en redes sociales. La falta de una red de distribución establecida, que a menudo ofrecen las editoriales tradicionales, puede dificultar que los nuevos escritores lleguen a su público objetivo. La promoción y el marketing se convierten en tareas cruciales, pero que requieren tiempo y habilidades que muchos autores pueden no tener.

Por último, es fundamental que los escritores evalúen sus objetivos y recursos antes de decidirse por la autopublicación. Si bien esta opción puede ofrecer oportunidades únicas, también conlleva riesgos que pueden afectar el éxito de su obra. La investigación y la preparación son clave para maximizar las ventajas y mitigar las desventajas. Al comprender tanto los aspectos positivos como los negativos de la autopublicación, los escritores nuevos pueden tomar decisiones informadas que les ayuden a alcanzar sus metas literarias de manera efectiva.

Capítulo 2: Entendiendo el negocio de la Autopublicación

Diferencias entre autopublicación y publicación tradicional

La autopublicación y la publicación tradicional representan dos caminos distintos que los escritores pueden elegir al traer sus obras al mundo. En la autopublicación, los autores tienen el control total sobre el proceso, desde la escritura hasta la comercialización de su libro. Esto significa que pueden decidir sobre el diseño de la portada, el formato del libro, y las estrategias de marketing que deseen implementar. Por otro lado, en la publicación tradicional, los escritores deben ceder gran parte de ese control a una editorial, que se encarga de la edición, distribución y promoción del libro, pero a cambio, ofrecen una mayor infraestructura y experiencia en el ámbito del mercado editorial.

Una de las diferencias más notables entre ambos enfoques es el tiempo de publicación. Los escritores que optan por la autopublicación pueden llevar su libro al mercado en un período de tiempo relativamente corto, a menudo en cuestión de semanas o meses. En contraste, el proceso de publicación tradicional puede llevar años, desde la búsqueda de un agente literario hasta la firma de un contrato y la planificación de la fecha de lanzamiento. Esta inmediatez en la autopublicación puede ser una ventaja significativa para aquellos escritores que desean que su trabajo esté disponible rápidamente.

El tema de los ingresos también varía considerablemente entre ambos métodos. Los autores que se autopublican suelen recibir un porcentaje mayor de las ganancias por cada libro vendido, ya que no tienen que compartir sus ingresos con una editorial. Sin embargo, esto también implica que son responsables de todos los costos asociados, incluyendo la edición, el diseño de la portada y las campañas de marketing. En cambio, los autores de publicaciones tradicionales reciben anticipos y regalías, pero estos suelen ser menores en comparación con lo que un autor autopublicado podría ganar, siempre y cuando logre vender una cantidad significativa de copias.

Otro aspecto importante a considerar es la visibilidad y el alcance. Las editoriales tradicionales generalmente cuentan con canales de distribución establecidos y conexiones en la industria que pueden ayudar a los libros a alcanzar una audiencia más amplia. Esto incluye la posibilidad de que un libro sea presentado en librerías, ferias del libro y otras plataformas. En la autopublicación, aunque el autor tiene la libertad de promocionar su obra como lo desee, puede enfrentar desafíos para obtener la misma visibilidad, especialmente si no tiene experiencia en marketing o redes sociales.

La elección entre autopublicación y publicación tradicional también puede depender de los objetivos personales y profesionales del escritor. Algunos autores valoran la independencia creativa y la posibilidad de experimentar con su trabajo, lo que la autopublicación ofrece. Otros pueden buscar el prestigio y la validación que a menudo se asocian con ser publicado por una editorial reconocida. En última instancia, cada camino tiene sus propias ventajas y desventajas, y es fundamental que los escritores nuevos evalúen qué opción se alinea mejor con sus metas y aspiraciones.

Mitos comunes sobre la autopublicación

La autopublicación ha ganado popularidad en los últimos años, pero aún persisten varios mitos que pueden desviar a los escritores nuevos y jóvenes de su camino hacia el éxito. Uno de los mitos más comunes es que la autopublicación es una opción de menor calidad en comparación con la publicación tradicional. Sin embargo, este concepto es erróneo. La calidad de un libro autopublicado depende en gran medida del esfuerzo del autor en la edición, el diseño de la portada y la presentación general del contenido. Existen herramientas y recursos accesibles que permiten a los autores lograr un producto final profesional.

Otro mito que frecuentemente se escucha es que la autopublicación es una forma rápida de hacerse rico. Muchos escritores novatos se ven atraídos por la idea de que publicar un libro de manera independiente les llevará a obtener grandes ganancias de inmediato. La realidad es que, como en cualquier otra industria, el éxito financiero en la autopublicación requiere tiempo, dedicación y una estrategia de marketing bien definida. Los autores deben estar dispuestos a invertir esfuerzo en construir su marca y promocionar sus obras, lo que a menudo implica un proceso largo y continuo.

Asimismo, hay quienes creen que la autopublicación significa que no recibirán ningún apoyo ni asesoramiento. Este mito puede ser desalentador para aquellos que buscan orientación en su trayectoria como escritores. Sin embargo, el panorama de la autopublicación está lleno de comunidades en línea, foros, y recursos educativos que brindan apoyo a los autores en cada paso del proceso. Los escritores pueden encontrar grupos en redes sociales, talleres y webinars donde pueden compartir experiencias y aprender de otros que han recorrido el mismo camino.

Un mito adicional es que solo los escritores con una gran plataforma de seguidores pueden tener éxito en la autopublicación. Este pensamiento puede desanimar a los nuevos autores que aún no han construido una audiencia. Sin embargo, la autopublicación permite a los escritores desarrollar su propia base de lectores desde cero. Con técnicas efectivas de marketing en redes sociales y el uso adecuado de newsletters, cualquier escritor puede atraer y cultivar una comunidad leal de lectores, independientemente de su número inicial de seguidores.

Algunas personas manifiestan que la autopublicación carece de credibilidad y visibilidad en comparación con las editoriales tradicionales. Este mito ha sido desmentido en gran medida por el crecimiento de plataformas digitales y el aumento de demandantes lectores que buscan nuevas voces. Las herramientas de promoción y las redes sociales permiten a los autores autopublicados llegar a audiencias globales. Al construir una presencia en línea sólida y aplicar estrategias de marketing efectivas, los escritores pueden establecer su credibilidad y destacar en un mercado saturado.

El panorama actual de la autopublicación

El panorama actual de la autopublicación ha cambiado radicalmente en los últimos años, ofreciendo a los escritores nuevos y jóvenes una oportunidad sin precedentes para compartir sus historias con el mundo. Con el avance de la tecnología y la proliferación de plataformas digitales, la autopublicación se ha convertido en una alternativa viable y atractiva a la publicación tradicional. Hoy en día, los autores pueden publicar sus obras de manera rápida y sencilla, sin necesidad de un agente literario o una editorial, lo que les da un control total sobre su trabajo y sus decisiones creativas.

Existen diversas plataformas de autopublicación que permiten a los escritores gestionar todo el proceso de publicación, desde la maquetación hasta la venta. Amazon Kindle Direct Publishing, Smashwords y Lulu son solo algunas de las opciones que han democratizado el acceso al mercado editorial. Estas plataformas ofrecen herramientas accesibles que facilitan la creación de portadas atractivas, la configuración de precios competitivos y la distribución en múltiples formatos, incluyendo e-books y libros impresos. Esta flexibilidad permite a los autores experimentar con su obra y adaptarse mejor a las demandas del mercado.

La autopublicación también ha llevado a un cambio en el enfoque del marketing literario. Los escritores son ahora responsables de construir su propia marca y presencia en redes sociales, lo que incluye el desarrollo de estrategias de marketing efectivas. Las técnicas de marketing en redes sociales se han vuelto esenciales, ya que permiten a los autores interactuar directamente con su audiencia y crear comunidades de lectores. Además, el uso de newsletters se ha popularizado como una herramienta para mantener a los seguidores informados sobre nuevos lanzamientos y promociones, lo que contribuye a una relación más cercana con los lectores.

Otro aspecto relevante del panorama actual es la importancia de la gestión de reseñas y testimonios. Las opiniones de los lectores son cruciales para el éxito de un libro autopublicado, ya que influyen en la decisión de compra de otros potenciales lectores. Los autores deben aprender a solicitar y gestionar reseñas de manera efectiva, así como a utilizar el feedback constructivo para mejorar futuras obras. Esto no solo ayuda a aumentar la visibilidad del libro, sino que también refuerza la credibilidad del autor en un mercado competitivo.

Es vital el desarrollo de una comunidad de lectores y el networking con otros escritores independientes son fundamentales para el crecimiento en este ámbito. Participar en grupos de escritura, foros y eventos literarios puede abrir puertas a colaboraciones fructíferas y oportunidades de visibilidad. A medida que los escritores nuevos y autopublicados se sumergen en el ecosistema literario, es esencial que se mantengan actualizados sobre las tendencias y técnicas que les permitirán sobresalir en un panorama en constante evolución. La autopublicación no solo es una opción, sino una plataforma rica en posibilidades para aquellos dispuestos a aprovecharla.

Capítulo 3: Estrategias de Autopublicación para nuevos escritores

Elegir el género adecuado

Elegir el género adecuado para tu obra es un paso fundamental en el proceso de escritura y autopublicación. La elección del género no solo determina el tipo de historia que contarás, sino que también influye en el público al que atraerás y en las estrategias de marketing que implementarás. Conocer los diferentes géneros y sus características te permitirá posicionar tu obra en el mercado de manera más efectiva. Por ello, es crucial que dediques tiempo a investigar y reflexionar sobre cuál es el género que mejor se adapta a tus intereses y a la historia que deseas contar.

Al decidirte por un género, es importante considerar tus pasiones y experiencias personales. Si disfrutas escribir sobre aventuras fantásticas, la literatura de fantasía podría ser tu camino. Por otro lado, si te atraen las complejidades de las relaciones humanas, podrías explorar la ficción contemporánea o el romance. La autenticidad en tu escritura será más evidente cuando te sientas conectado con el género elegido, lo que a su vez resonará con tus lectores. No subestimes el poder de la pasión; esta es la chispa que puede hacer que tu historia cobre vida.

También es fundamental tener en cuenta las tendencias del mercado. Investigar qué géneros están en auge y cuáles son menos populares puede ofrecerte una ventaja competitiva. Sin embargo, no debes limitarte solo a las tendencias. La originalidad y la innovación son igualmente importantes. Combinar elementos de diferentes géneros o dar un giro único a un género establecido puede ayudarte a destacarte en un mar de publicaciones. La clave está en encontrar un equilibrio entre escribir lo que amas y lo que puede atraer a un público.

Además, considera el público objetivo al que deseas llegar. Cada género tiene su propio grupo de lectores, y comprender sus preferencias te permitirá adaptar tu estrategia de marketing de manera más efectiva.

Por ejemplo, si decides escribir literatura juvenil, es probable que debas enfocarte en plataformas de redes sociales populares entre los jóvenes, como TikTok o Instagram. Por otro lado, si optas por la literatura de no ficción, plataformas como LinkedIn pueden ser más efectivas. Conocer a tu audiencia te ayudará a construir una presencia sólida y a crear una comunidad de lectores leales.

No olvides que la elección del género no es una decisión definitiva. A lo largo de tu carrera como escritor, puedes encontrar que tus intereses evolucionan y que nuevas historias te inspiran. La flexibilidad es vital en el mundo de la escritura. Experimentar con diferentes géneros no solo enriquecerá tu habilidad como autor, sino que también ampliará tu alcance como autopublicador. Mantente abierto a explorar y a crecer, y recuerda que cada obra es una oportunidad para aprender y conectar con los lectores de una manera significativa.

Definir tu público objetivo

Definir tu público objetivo es una de las tareas más cruciales para cualquier escritor que desee tener éxito en el mundo de la autopublicación. Conocer quiénes son tus lectores te permitirá crear contenido que resuene con ellos y mejore tus estrategias de marketing. Al identificar a tu público, no solo podrás adaptar tu escritura, sino también establecer una conexión más profunda que facilitará la promoción de tus obras. Este proceso implica investigar y analizar diversos aspectos demográficos y psicográficos que caracterizan a tus potenciales lectores.

El primer paso para definir tu público objetivo es realizar un análisis demográfico. Esto incluye identificar la edad, género, ubicación geográfica y nivel educativo de tus lectores. Por ejemplo, si tu novela está dirigida a jóvenes adultos, deberías considerar qué temáticas y estilos de escritura son populares entre ese grupo. Además, entender la ubicación geográfica puede ayudarte a adaptar tus estrategias de marketing, como el uso de plataformas específicas que tengan mayor penetración en esas áreas.

Una vez que tengas claro el perfil demográfico, es esencial entender los intereses y necesidades de tu público. Esto implica adentrarte en la psicografía de tus lectores: qué les motiva, cuáles son sus pasiones y qué problemas buscan resolver a través de la lectura. Si tu libro trata sobre el crecimiento personal, por ejemplo, es vital saber qué tipo de contenido consumen quienes buscan mejorar en este aspecto. Establecer un vínculo emocional a través de tus historias puede resultar en una mayor lealtad hacia tu marca como autor.

La creación de comunidades de lectores en redes sociales también juega un papel importante en la definición de tu público objetivo. Participar activamente en grupos o foros relacionados con tu temática te permitirá conocer de primera mano las expectativas y preferencias de tus lectores. No subestimes el poder de las redes sociales como herramienta para establecer relaciones significativas. Al interactuar con tu audiencia, podrás recibir retroalimentación valiosa que te ayudará a perfeccionar tanto tu escritura como tus estrategias de marketing.

Una vez que hayas definido tu público objetivo, es fundamental ajustar tu plan de marketing en consecuencia. Utiliza esta información para crear contenido atractivo, promociones específicas y campañas de publicidad que hablen directamente a los intereses de tus lectores. Recuerda que un conocimiento profundo de tu audiencia no solo enriquecerá tus obras, sino que también te permitirá construir una marca autoral sólida y rentable en el mundo de la autopublicación.

Creación de un calendario de publicación

La creación de un calendario de publicación es un paso crucial para cualquier escritor que busca maximizar su éxito en el mundo de la autopublicación. Este calendario no solo ayuda a organizar los tiempos de escritura y revisión, sino que también permite planificar las estrategias de marketing y promoción de cada obra. Para los escritores nuevos, un calendario bien estructurado puede hacer la diferencia entre un lanzamiento exitoso y uno que pase desapercibido en el saturado mercado literario.

Al comenzar a diseñar tu calendario de publicación, es fundamental establecer metas claras y realistas. Pregúntate cuánto tiempo necesitarás para completar tu manuscrito, realizar las correcciones necesarias y preparar el material de marketing. Además, considera las fechas clave como ferias del libro, festivales literarios o eventos especiales que podrían servir de plataforma para promocionar tu obra. Tener un cronograma visual te ayudará a mantenerte enfocado y a medir tu progreso a lo largo del proceso de escritura y autopublicación.

Una vez que tengas tus fechas de publicación establecidas, es esencial programar tus actividades de promoción. Esto incluye la creación de contenido para redes sociales, el envío de newsletters a tus suscriptores y la gestión de reseñas y testimonios. Establecer una rutina de publicación en redes sociales puede aumentar tu visibilidad y construir una comunidad de lectores leales. Recuerda que la consistencia es clave; planifica tus publicaciones y asegúrate de interactuar regularmente con tu audiencia para fomentar el compromiso.

También es recomendable incluir en tu calendario momentos de revisión y ajuste. A medida que vayas avanzando en tu proceso de autopublicación, es posible que necesites adaptarte a nuevas oportunidades o desafíos. Por ejemplo, si un evento inesperado afecta tu programación, es útil tener un margen de maniobra en tu calendario. Esto te permitirá ser flexible y mantener la calidad de tu trabajo sin comprometer tus objetivos de publicación.

Permítete celebrar tus logros. Cada libro publicado, cada reseña positiva y cada nuevo lector, son hitos que merecen ser reconocidos. Al incluir momentos de celebración en tu calendario, no solo mantendrás alta tu motivación, sino que también te recordarás a ti mismo por qué comenzaste este camino en primer lugar. Un calendario de publicación es más que una simple herramienta de organización; es un mapa que te guía en tu viaje como autor autopublicado y te ayuda a construir una carrera literaria sostenible.

Capítulo 4: Técnicas de Marketing en redes sociales para escritores

Importancia de las redes sociales

Las redes sociales han revolucionado la forma en que los escritores pueden interactuar con su audiencia y promocionar sus obras. Para los escritores nuevos y autopublicados, estas plataformas ofrecen una oportunidad invaluable para construir una comunidad de lectores leales. A través de Facebook, Instagram, Twitter y otras redes, los autores pueden compartir fragmentos de sus libros, recibir retroalimentación y generar expectativas antes del lanzamiento de sus obras. Esta interacción no solo humaniza al autor, sino que también establece una conexión emocional con los lectores, lo que puede traducirse en un mayor interés por sus publicaciones.

Además, las redes sociales permiten a los escritores experimentar con diferentes estrategias de marketing. Por ejemplo, las campañas de publicidad en Facebook o Instagram pueden dirigirse específicamente a nichos de mercado que son más propensos a disfrutar de sus géneros literarios. Esto no solo maximiza el alcance de su mensaje, sino que también optimiza el uso del presupuesto destinado a marketing. La capacidad de segmentar audiencias en redes sociales es una herramienta poderosa que puede marcar la diferencia en el éxito de un libro autopublicado.

La creación de contenido relevante y atractivo en las redes sociales también es fundamental para construir una marca personal sólida. Los autores tienen la oportunidad de compartir no solo información sobre sus libros, sino también sobre su proceso creativo, sus inspiraciones y sus experiencias como escritores. Esto ayuda a los lectores a conocer al autor más allá de sus obras, creando una conexión que puede llevar a una mayor fidelidad. Un escritor que comparte su viaje puede ser visto como un compañero en la lectura, lo que fomenta un sentido de comunidad entre sus seguidores.

La gestión de reseñas y testimonios a través de redes sociales es otra área crucial. Los escritores pueden alentar a sus lectores a dejar comentarios y reseñas en sus perfiles, lo que aumenta la visibilidad y la credibilidad de sus obras. Las opiniones positivas pueden ser compartidas, creando un efecto multiplicador que atrae a nuevos lectores. Además, las redes sociales permiten a los autores interactuar con quienes han dejado reseñas, agradeciendo sus comentarios y fomentando un ambiente de diálogo que puede resultar beneficioso para ambos.

Finalmente, las redes sociales ofrecen un espacio para la creación de comunidades de lectores, donde los escritores pueden organizar lecturas en vivo, sesiones de preguntas y respuestas, o incluso grupos de discusión sobre sus libros. Estas actividades no solo aumentan la visibilidad de sus obras, sino que también promueven un sentido de pertenencia entre los lectores. Al invertir tiempo y esfuerzo en sus redes sociales, los escritores nuevos y autopublicados pueden construir una presencia sólida que no solo les ayude a comercializar sus libros, sino que también les permita crecer y evolucionar como autores en un entorno cada vez más competitivo.

Plataformas recomendadas para escritores

En el proceso de autopublicación, elegir la plataforma adecuada puede ser determinante para el éxito de tu obra. Existen diversas opciones disponibles, cada una con sus propias características y beneficios. Entre las más recomendadas se encuentran Amazon Kindle Direct Publishing (KDP), Smashwords y Lulu. Estas plataformas ofrecen herramientas sencillas y accesibles que permiten a los escritores nuevos publicar sus libros en formato digital e impreso, llegando a una audiencia global sin complicaciones.

Amazon KDP se destaca por su amplia distribución y facilidad de uso. Al ser una de las plataformas más grandes del mundo, permite a los autores acceder a millones de lectores. Además, ofrece la opción de publicar tanto libros electrónicos como impresos, lo que brinda una mayor flexibilidad a los escritores. La posibilidad de fijar precios y recibir regalías competitivas hace que KDP sea una opción atractiva para aquellos que buscan maximizar sus ingresos. Es fundamental familiarizarse con sus políticas y herramientas de marketing para sacar el máximo provecho de esta plataforma.

Por otro lado, Smashwords es ideal para escritores que desean distribuir su libro en múltiples plataformas. Esta opción permite a los autores publicar su obra en una variedad de sitios, como Barnes & Noble, Apple Books y Kobo, entre otros. Smashwords también proporciona recursos útiles, como guías de formato y estrategias de marketing, que pueden ser de gran ayuda para los escritores que están comenzando. La capacidad de alcanzar diferentes mercados a través de una sola plataforma puede ser un gran alivio para quienes se sienten abrumados por la idea de gestionar múltiples cuentas.

Lulu se enfoca en la autopublicación de libros impresos, siendo una excelente opción para aquellos que desean crear copias físicas de sus obras. Esta plataforma ofrece una variedad de opciones de personalización para la creación de cubiertas y formatos, lo que permite a los autores expresar su creatividad. Además, Lulu proporciona servicios adicionales, como impresión bajo demanda y distribución global, lo que ayuda a los escritores a llevar sus libros a librerías y bibliotecas. Para quienes buscan una presentación profesional de su trabajo, Lulu puede ser una solución efectiva.

Finalmente, es esencial que los escritores nuevos evalúen sus necesidades y objetivos antes de seleccionar una plataforma. Considerar aspectos como la distribución, el tipo de libro que desean publicar y sus estrategias de marketing les permitirá tomar decisiones más informadas. La investigación y el uso de plataformas recomendadas no solo simplifican el proceso de autopublicación, sino que también potencian las oportunidades de éxito en un mercado cada vez más competitivo.

Creación de contenido atractivo

La creación de contenido atractivo es un elemento crucial para cualquier escritor que busque autopublicar su obra y destacarse en un mercado cada vez más competitivo. Un contenido bien elaborado no solo capta la atención de los lectores, sino que también les invita a involucrarse emocionalmente con la historia y los personajes. Para lograr esto, es fundamental comprender a tu audiencia y escribir desde una perspectiva que resuene con sus intereses y necesidades. Esto requiere investigación y un análisis profundo de quiénes son tus lectores potenciales, qué les gusta leer y qué temas les apasionan.

Uno de los primeros pasos para crear contenido atractivo es definir claramente el mensaje que deseas transmitir. Cada historia tiene un tema central que puede ser explorado de diversas maneras. Al enfocarte en este mensaje, puedes construir una narrativa que no solo entretenga, sino que también ofrezca una reflexión o una nueva perspectiva sobre un asunto. La claridad en el mensaje te ayudará a mantener la coherencia a lo largo de tu obra y a conectar con los lectores de manera efectiva.

Además, la técnica del "show, don't tell" es vital en la escritura. En lugar de simplemente informar a tus lectores sobre las emociones o situaciones de los personajes, es más efectivo mostrar esas emociones a través de acciones, diálogos y descripciones vívidas. Esto permite que los lectores experimenten la historia en un nivel más profundo y se sientan más conectados con los personajes. La utilización de descripciones sensoriales también puede enriquecer la experiencia de lectura, haciendo que los escenarios y las emociones cobren vida ante los ojos del lector.

La diversificación en los formatos de contenido también puede aumentar la atractividad de tu obra. Considera incluir elementos visuales, como ilustraciones o gráficos, si tu libro lo permite. Además, la creación de contenido complementario, como una serie de publicaciones en redes sociales que exploren temas relacionados con tu libro o entrevistas con personajes, puede generar interés y fomentar una comunidad en torno a tu trabajo. Esta estrategia también ayuda a construir tu marca como autor y a mantener la atención de tus lectores. Finalmente, la retroalimentación es esencial en el proceso de creación de contenido. Compartir borradores con lectores beta o grupos de escritura puede proporcionar una perspectiva valiosa sobre lo que funciona y lo que no. Escuchar las opiniones de otros te permitirá ajustar tu historia y hacerla más atractiva para tu público objetivo. La creación de contenido atractivo es un proceso continuo que requiere dedicación y apertura a la crítica constructiva, pero los resultados valen la pena en términos de conexión con los lectores y éxito en la autopublicación.

Capítulo 5: Construyendo tu presencia como autor en redes sociales

Establecer una voz única

Establecer una voz única es fundamental para cualquier escritor que desee destacarse en el competitivo mundo de la autopublicación. La voz de un autor no es simplemente su estilo de escritura; es la manera en que se comunica con sus lectores, transmitiendo emociones, ideas y experiencias de una forma que resuene con ellos. Para los escritores nuevos, comprender y desarrollar esta voz puede ser el primer paso hacia la construcción de una marca personal sólida y reconocible. Al inicio, es esencial experimentar con diferentes estilos y tonalidades, permitiendo que la autenticidad emerja de manera natural.

Una voz única se construye a partir de la combinación de experiencias personales, intereses y valores del autor. Es importante reflexionar sobre lo que nos motiva a escribir y qué mensajes queremos compartir con el mundo. Por ejemplo, un escritor que se apasiona por la historia puede adoptar un tono nostálgico y reflexivo, mientras que otro que se interesa por la ciencia ficción podría optar por un enfoque más futurista y exploratorio. La clave está en ser fiel a uno mismo y no tratar de imitar a otros autores, ya que la originalidad es lo que realmente atraerá a los lectores.

Además, la voz de un autor debe ser consistente a lo largo de su obra. Esto no significa que no se pueda evolucionar, pero sí que los lectores deben poder reconocer el estilo y la forma de comunicar del autor. Para lograr esto, es útil crear un conjunto de pautas que definan la voz: el uso de ciertas palabras, la estructura de las oraciones y el tono general.

Practicar y revisar el contenido frecuentemente ayudará a los escritores a afinar su voz y a mantener la coherencia en sus escritos.

Las redes sociales son una herramienta poderosa para establecer y promover la voz única de un autor. A través de plataformas como Instagram, Twitter y Facebook, los escritores pueden compartir no solo extractos de sus obras, sino también reflexiones personales, anécdotas y pensamientos sobre la escritura. Esto crea una conexión más profunda con los lectores, quienes se sienten atraídos por la autenticidad y la personalidad que el autor proyecta. Utilizar estas plataformas de manera estratégica puede ayudar a los nuevos escritores a construir una comunidad sólida de seguidores que se identifiquen con su voz.

Toma en cuenta que establecer una voz única no es un proceso instantáneo. Requiere tiempo, práctica y una disposición constante para aprender y adaptarse. A medida que los escritores continúan escribiendo y compartiendo su trabajo, su voz se irá definiendo y robusteciendo. No hay un camino único hacia el éxito en la autopublicación, pero aquellos que logran encontrar y abrazar su voz singular tendrán una ventaja significativa en la creación de una presencia duradera en el mundo literario.

Interacción con tus seguidores

La interacción con seguidores es un aspecto crítico para los escritores nuevos y autopublicados en el mundo digital actual. Establecer una relación sólida y auténtica con tu audiencia no solo ayuda a construir una comunidad de lectores leales, sino que también incrementa la visibilidad de tu obra. Las redes sociales se han convertido en una herramienta indispensable para los autores que desean conectar con sus seguidores, compartir sus experiencias y promocionar sus libros. Un enfoque proactivo en la interacción puede marcar la diferencia entre un autor que se pierde en la multitud y uno que se destaca.

Para comenzar, es fundamental que los escritores entiendan a su audiencia. Conocer quiénes son tus seguidores, qué les gusta y qué tipo de contenido consumen puede guiar tus esfuerzos de interacción.

Utiliza encuestas, preguntas y publicaciones interactivas para involucrar a tus lectores. Esto no solo te permitirá obtener feedback valioso, sino que también hará que tus seguidores se sientan valorados y escuchados. Crear contenido que resuene con ellos fortalecerá la conexión emocional y fomentará la lealtad hacia tu marca como autor.

El contenido que compartas en tus redes sociales debe ser variado y atractivo. Alterna entre publicaciones sobre tu proceso de escritura, fragmentos de tu obra, reflexiones personales y contenido relacionado con tus temas de interés. Además, considera la posibilidad de realizar sesiones en vivo, donde puedas interactuar directamente con tus seguidores, responder preguntas y compartir novedades. Este tipo de interacción en tiempo real puede aumentar el compromiso y hacer que tus seguidores se sientan parte de tu viaje como escritor.

No olvides la importancia de la reciprocidad. Responde a los comentarios y mensajes directos de tus seguidores. Agradece a aquellos que comparten tus publicaciones o que dejan reseñas sobre tus libros. Esta atención personalizada no solo humaniza tu marca, sino que también puede motivar a otros a interactuar contigo. Crear un ambiente donde los seguidores se sientan cómodos para expresar sus opiniones y compartir sus experiencias enriquecerá la comunidad que estás construyendo.

Es vital la creación de comunidades de lectores en torno a tus obras. Puedes utilizar grupos en redes sociales o plataformas específicas para autores. Estas comunidades pueden ser un espacio para compartir no solo tus libros, sino también para discutir temas relacionados y fomentar el intercambio de ideas entre tus seguidores. Esta dinámica no solo ayuda a construir una base de lectores más comprometida, sino que también te proporciona una valiosa retroalimentación que puedes utilizar para mejorar tus futuros proyectos. La interacción constante y significativa con tus seguidores es, por tanto, un pilar fundamental en el camino hacia el éxito en la autopublicación.

Manejo de críticas y comentarios

El manejo de críticas y comentarios es una habilidad esencial para los escritores nuevos y autopublicados. Al comenzar su carrera, es inevitable que enfrenten opiniones diversas sobre su trabajo. Algunas críticas pueden ser constructivas y ayudarles a mejorar, mientras que otras pueden ser más duras y difíciles de procesar. Es fundamental adoptar una mentalidad abierta y receptiva, ya que cada comentario, ya sea positivo o negativo, puede ofrecer una valiosa perspectiva sobre su escritura y su conexión con los lectores.

La clave para manejar las críticas de manera efectiva es discernir entre las opiniones que realmente aportan valor y aquellas que simplemente son destructivas. Es aconsejable centrarse en los comentarios que resaltan aspectos concretos de la escritura, como la estructura narrativa, el desarrollo de personajes o el estilo. Estas observaciones pueden ser utilizadas para fortalecer futuras obras. Por otro lado, es importante aprender a ignorar las críticas que no ofrecen sugerencias útiles o que están motivadas por razones personales. La autoevaluación y la autoconfianza son fundamentales en este proceso.

En el ámbito de la autopublicación, el feedback de los lectores es crucial. Los autores deben fomentar un espacio donde los lectores puedan expresar sus opiniones de forma libre y sincera. Esto puede lograrse a través de redes sociales, blogs o plataformas de reseñas. Responder de manera profesional y agradecida a los comentarios, especialmente a aquellos que son críticos, no solo muestra madurez, sino que también puede construir una relación más sólida con la audiencia. Los lectores aprecian a los autores que valoran su opinión y están dispuestos a escuchar.

No permitas que una crítica negativa afecte la autoestima o la motivación del escritor. La resiliencia es una cualidad que se desarrolla con el tiempo y la experiencia. Aprender a ver las críticas negativas como oportunidades de crecimiento puede transformar la forma en que un autor percibe su trabajo y su trayectoria. Participar en comunidades de escritores, donde se comparten experiencias similares, puede ser un gran apoyo emocional y profesional.

La escritura es un viaje personal y único. Cada autor tiene su propia voz y estilo, y lo que funciona para uno puede no funcionar para otro. Mantenerse fiel a su visión creativa, mientras se toma en cuenta el feedback constructivo, es el equilibrio que todo escritor debe buscar. Con el tiempo y la práctica, el manejo de críticas y comentarios se convierte en una herramienta poderosa para el desarrollo personal y profesional en el mundo de la autopublicación.

Capítulo 6: Tips de Copywriting para escritores de ficción

Escribir descripciones cautivadoras

Escribir descripciones cautivadoras es un arte esencial para todo escritor que desea destacar en el competitivo mundo de la autopublicación. Una descripción efectiva no solo informa al lector sobre el contenido del libro, sino que también evoca emociones y genera curiosidad. Para los escritores nuevos, es fundamental entender que esta es la primera impresión que muchos lectores tendrán de su obra. Por lo tanto, dedicar tiempo a perfeccionar esta parte del proceso de escritura puede marcar la diferencia entre una venta y un libro olvidado en el vasto océano digital.

Al comenzar a redactar una descripción, es crucial captar la esencia de la historia en pocas palabras. Un enfoque efectivo es empezar con un gancho que intrigue al lector. Esto puede ser una pregunta provocativa, una declaración sorprendente o una breve escena que encapsule el conflicto central del libro. Al introducir elementos que despierten la curiosidad, se establece un tono que invita al lector a querer saber más sobre los personajes y su travesía. La clave es ser conciso, pero poderoso en la elección de las palabras.

Además de la intriga, es importante incluir información relevante sobre los personajes y el escenario. Los lectores quieren conocer a los protagonistas y entender el mundo en el que habitan. Describir brevemente las motivaciones y características de los personajes principales puede ayudar a los potenciales lectores a conectar emocionalmente con ellos. Asimismo, establecer el contexto en el que se desarrolla la historia proporciona un marco que facilita la inmersión del lector en el relato.

También es recomendable evitar clichés y frases pomposas que puedan desentonar con el tono de la obra. En su lugar, utilizar un lenguaje fresco y auténtico puede hacer que la descripción resuene más con el público objetivo. Considera el género de tu libro; las expectativas varían entre la ficción romántica, la ciencia ficción o el thriller. Alinear el estilo de la descripción con el género ayudará a atraer a los lectores adecuados y a establecer una conexión inmediata con ellos.

Por favor no subestimes el poder de una llamada a la acción al final de tu descripción. Pueden ser frases que inviten a los lectores a sumergirse en la historia, como "Descubre el secreto que cambiará sus vidas" o "Acompáñalos en esta aventura que desafiará sus límites". Una conclusión impactante puede ser el empujón que necesita un lector indeciso para hacer clic en "comprar". Al seguir estos consejos, los escritores noveles estarán mejor equipados para crear descripciones cautivadoras que no solo informen, sino que también seduzcan a su audiencia.

Técnicas de persuasión en la escritura

La persuasión es una herramienta fundamental en la escritura, especialmente para aquellos que buscan autopublicarse. Comprender las técnicas de persuasión puede marcar la diferencia entre captar la atención de un lector o perderlo en las primeras líneas. Desde el uso de un lenguaje emocional hasta la creación de una narrativa convincente, los escritores deben aprender a conectar con su audiencia a un nivel más profundo. Esto no solo aumenta las posibilidades de que un lector se enganche con el texto, sino que también facilita la promoción de sus obras en plataformas digitales y redes sociales.

Una de las técnicas más efectivas es el uso de historias personales. Al compartir experiencias que resuenen con los lectores, los escritores pueden generar empatía y establecer una conexión más auténtica. Esta técnica es especialmente útil en la creación de una marca personal.

Al contar su propia historia, los escritores pueden diferenciarse de la competencia y hacer que su mensaje sea más memorable. Además, el relato de anécdotas relevantes puede ser un recurso valioso en newsletters y promociones, logrando que los lectores se sientan parte de una comunidad.

Otra estrategia de persuasión es la utilización de la prueba social. Incluir testimonios y reseñas en sus materiales de marketing puede influir en la decisión de compra de un lector potencial. Mostrar que otros han disfrutado o se han beneficiado de sus libros ayuda a construir credibilidad y confianza. Además, el uso de plataformas digitales para compartir estas opiniones puede amplificar su alcance, llegando a un público más amplio. Las comunidades de lectores en redes sociales también son un lugar ideal para fomentar este tipo de interacción.

El lenguaje que se utiliza es igualmente crucial. Emplear un tono cercano y accesible, además de utilizar palabras que evoquen emociones, puede motivar a los lectores a actuar. Los escritores deben ser conscientes de su audiencia y adaptar su estilo a las preferencias y expectativas de los lectores. La claridad y la brevedad en la comunicación son esenciales; un mensaje persuasivo debe ser directo pero impactante, evitando el exceso de jerga o complicaciones innecesarias.

Es fundamental recordar que la persuasión no se trata solo de vender, sino de establecer relaciones. Los escritores deben enfocarse en construir una conexión genuina con sus lectores. Esto implica ser auténtico y transparente en su comunicación, algo que puede cultivarse a través del uso de newsletters y redes sociales. Con cada interacción, los escritores tienen la oportunidad de fortalecer su marca y su presencia en el mercado, creando un vínculo que va más allá de la simple transacción. Así, las técnicas de persuasión en la escritura no solo impulsan las ventas, sino que también fomentan la lealtad del lector a largo plazo.

Creación de títulos impactantes

La creación de títulos impactantes es un arte fundamental en el proceso de autopublicación. Un buen título no solo atrae la atención del lector, sino que también puede comunicar la esencia de la obra de manera efectiva. Los escritores nuevos deben entender que el título es la primera impresión que los lectores tendrán de su libro, por lo que debe ser cautivador y relevante. Debemos considerar que, en un mercado saturado de opciones, un título atractivo puede ser la clave para destacar entre la multitud.

Para crear un título impactante, es esencial conocer a tu audiencia. Reflexiona sobre qué palabras y frases resuenan con el grupo demográfico al que te diriges. Por ejemplo, si escribes ficción juvenil, un título que evoque aventura y emoción puede ser más efectivo que uno que suene demasiado formal. La investigación de mercado puede ser una herramienta útil; analizar qué títulos son populares en tu género puede ofrecerte una guía sobre tendencias actuales y preferencias de los lectores.

Además, el uso de elementos de suspense o emoción en el título puede captar la atención del lector. Palabras que sugieren acción, misterio o conflicto pueden incitar a la curiosidad, haciendo que el potencial lector quiera saber más. Por ejemplo, en lugar de un título genérico como "Una historia de amor", algo como "Amor en tiempos de guerra" puede atraer a un público más amplio e interesado en los matices de la narrativa. La creatividad en la elección de palabras es crucial para que el título no solo sea descriptivo, sino también evocador.

No debemos olvidar la importancia de la simplicidad. Muchas veces, menos, es más. Un título corto y directo no solo es más fácil de recordar, sino que también puede ser más poderoso. Evita las construcciones complicadas o los términos rebuscados que puedan confundir al lector. Un buen ejercicio es probar el título con amigos o colegas: su reacción puede proporcionarte una perspectiva valiosa sobre su impacto y claridad.

No temas experimentar. La creación de títulos es un proceso creativo que puede requerir varias iteraciones antes de dar con el adecuado. Considera la posibilidad de utilizar herramientas en línea que generen ideas de títulos o incluso realizar un brainstorming con otros escritores. Al final, un título impactante es una combinación de creatividad, conocimiento del público y claridad, y puede ser el primer paso hacia el éxito en el mundo de la autopublicación.

Capítulo 7: Construyendo una marca rentable como Escritor de ficción

Elementos clave de una marca

Una marca fuerte es esencial para cualquier escritor que desee destacar en el competitivo mundo de la autopublicación. Los elementos clave de una marca no solo ayudan a identificar al autor, sino que también crean una conexión emocional con los lectores. En este sentido, el primer elemento fundamental es la identidad visual. Esto incluye el diseño del logotipo, la tipografía y la paleta de colores que se utilizarán en todas las plataformas y materiales promocionales. Una identidad visual coherente facilita el reconocimiento y ayuda a transmitir la personalidad del autor. Un diseño atractivo y profesional puede marcar la diferencia en la percepción que los lectores tienen del trabajo del escritor.

El segundo elemento crucial es el mensaje de la marca. Este se refiere a la voz y el tono que el autor utiliza al comunicarse con su audiencia. Es importante que los escritores se definan en términos de su estilo narrativo, los temas que abordan y la forma en que interactúan con sus seguidores. Un mensaje claro y auténtico permite a los escritores conectar con sus lectores de manera más efectiva, generando así una lealtad que puede traducirse en ventas y recomendaciones. La autenticidad es clave; los lectores valoran la transparencia y la sinceridad en la comunicación.

Además de la identidad visual y el mensaje, la consistencia es otro pilar fundamental en la construcción de una marca. Los escritores deben asegurarse de que todos sus contenidos, desde las redes sociales hasta los blogs y los libros, mantengan un nivel de calidad y un estilo coherente.

Esta consistencia no solo refuerza la identidad de la marca, sino que también establece confianza entre el autor y su audiencia. Un enfoque uniforme en la presentación de obras y la interacción en línea ayuda a construir una comunidad de seguidores fieles que están más dispuestos a apoyar al autor en futuros lanzamientos.

Un cuarto elemento a considerar es la estrategia de marketing. Los escritores deben desarrollar un plan que incluya tanto estrategias digitales como tradicionales para promocionar sus obras. Esto puede abarcar desde el uso de redes sociales y newsletters hasta la participación en ferias del libro y eventos de firma. La diversificación en las tácticas de marketing no solo aumenta la visibilidad del autor, sino que también permite alcanzar diferentes segmentos de audiencia. Al implementar una estrategia de marketing bien pensada, los escritores pueden maximizar su alcance y, por ende, sus oportunidades de venta.

Finalmente, la interacción con la comunidad de lectores es un elemento que no debe subestimarse. Los escritores deben buscar construir relaciones auténticas con su audiencia a través de la participación activa en redes sociales, la respuesta a comentarios y la creación de espacios donde los lectores puedan compartir sus opiniones. Este tipo de interacción no solo alimenta la lealtad del lector, sino que también proporciona valiosos insights sobre lo que la audiencia busca en futuras obras. Al integrar todos estos elementos clave en su marca, los escritores nuevos y autopublicados pueden establecer una presencia sólida y rentable en el mercado literario.

Definir tu propuesta de valor

Definir tu propuesta de valor es un paso crucial en el proceso de autopublicación. Para los escritores nuevos y jóvenes, comprender qué hace único tu trabajo es esencial para destacarse en un mercado saturado. La propuesta de valor no solo se refiere a lo que ofreces como autor, sino también al impacto que tu obra puede tener en los lectores. Reflexiona sobre las emociones, ideas o experiencias que deseas transmitir y cómo estas pueden resonar en tu audiencia. Pregúntate:

¿Qué problemas resuelvo? ¿Qué necesidades satisfago? Esta introspección te ayudará a dar forma a tu propuesta de valor de manera efectiva.

Es importante considerar el nicho al que te diriges. Si escribes ficción, por ejemplo, tu propuesta de valor podría estar relacionada con la originalidad de tus personajes o la profundidad de tus tramas. Si tu enfoque es más académico o informativo, quizás tu propuesta de valor se base en la calidad de la investigación o en la claridad con la que presentas tus ideas. Investiga a otros autores en tu género y analiza qué los hace destacar. Esto no solo te dará inspiración, sino que también te permitirá identificar brechas en el mercado que puedes llenar con tu obra.

Una vez que tengas clara tu propuesta de valor, es el momento de comunicarla de manera efectiva. Utiliza tus redes sociales y tu sitio web para transmitir quién eres como autor y qué te diferencia de los demás. Crea contenido que refleje tu personalidad y tus valores, estableciendo una conexión genuina con tus lectores. Recuerda que la autenticidad es fundamental en el mundo de la autopublicación. Los lectores buscan autores con los que puedan identificarse y que ofrezcan algo que no puedan encontrar en otros lugares.

El poder del copywriting en la definición de tu propuesta de valor. Un buen texto persuasivo puede capturar la atención de potenciales lectores y hacer que se interesen por tu obra. Aprende a redactar descripciones atractivas de tus libros y a crear contenido que invite a la acción. Recuerda que tus palabras son una extensión de tu marca como escritor. Cada publicación, cada mensaje y cada interacción deben reflejar la esencia de lo que ofreces.

Revisa y ajusta tu propuesta de valor a medida que evolucionas como autor. A medida que adquieras experiencia y recibas retroalimentación de tus lectores, es probable que tu enfoque y tus objetivos cambien. Mantente flexible y dispuesto a adaptarte. La autopublicación es un viaje en constante cambio, y tu propuesta de valor debe reflejar tanto tus objetivos personales como las expectativas de tu audiencia. Al hacerlo, estarás mejor posicionado para construir una marca rentable y duradera en el mundo literario.

Ejemplos de marcas exitosas en ficción

En el mundo de la ficción, algunas marcas han logrado destacar de manera notable, convirtiéndose en ejemplos a seguir para nuevos escritores y aquellos que buscan autopublicarse. Estas marcas no solo han creado historias cautivadoras, sino que también han desarrollado identidades sólidas que resuenan con sus audiencias. Un caso emblemático es el de J.K. Rowling y su saga de Harry Potter. La autora no solo creó un universo mágico, sino que también construyó una marca que se ha expandido a películas, parques temáticos y una comunidad global de seguidores. Su capacidad para conectar emocionalmente con los lectores y mantener su compromiso a lo largo de los años es una lección fundamental para cualquier escritor que busque establecer su presencia en el mercado.

Otro ejemplo relevante es el de Stephen King, quien ha sabido diversificar su obra y su marca personal. King ha cultivado una imagen de autor prolífico que no teme experimentar con diferentes géneros, desde el terror hasta la fantasía y el suspenso. Su estilo distintivo y su enfoque en la creación de personajes memorables han sido clave para su éxito. Además, su interacción constante con los lectores a través de redes sociales y su autenticidad han fortalecido su marca, demostrando que la conexión con el público es esencial para cualquier escritor autopublicado.

En el ámbito de la literatura juvenil, la serie de "Los Juegos del Hambre" de Suzanne Collins es otro ejemplo de éxito. Collins logró captar la atención de una generación con una narrativa que aborda temas relevantes como la lucha por la libertad y la opresión. La trama no solo resonó con los jóvenes lectores, sino que también se convirtió en un fenómeno cultural con adaptaciones cinematográficas que expandieron su alcance. Esto subraya la importancia de crear historias que no solo entretengan, sino que también ofrezcan un mensaje significativo, lo cual es crucial para construir una marca duradera en el mundo de la ficción.

Además, la autora de novelas románticas, Colleen Hoover, ha demostrado cómo un enfoque centrado en la comunidad puede fortalecer una marca personal. Hoover ha cultivado un sólido seguimiento en redes sociales, donde interactúa abiertamente con sus lectores y comparte su proceso creativo. Su enfoque en el marketing digital, utilizando plataformas como Instagram y TikTok, ha permitido que sus libros se viralicen, mostrando cómo los escritores pueden aprovechar las herramientas de las redes sociales para construir una presencia sólida y rentable.

El fenómeno de la autopublicación ha permitido a muchos autores emerger con éxito, como es el caso de Amanda Hocking, quien comenzó publicando su trabajo en línea y logró un éxito inesperado. Su historia resalta la importancia de la perseverancia y la innovación en la autopublicación. Hocking utilizó estrategias de marketing efectivas y se enfocó en crear una base de lectores leales, lo que le permitió establecer una marca personal fuerte y sostenible. Estos ejemplos demuestran que, independientemente del camino que elija un escritor, es posible construir una marca exitosa a través de la creatividad, la conexión con los lectores y la estrategia adecuada.

Capítulo 8: Construyendo una marca rentable para nuevos escritores

Estrategias de posicionamiento

El posicionamiento de un autor en el mundo de la autopublicación es fundamental para destacar en un mercado saturado. Para los escritores nuevos y autopublicados, entender cómo diferenciar su obra es el primer paso hacia el éxito. Las estrategias de posicionamiento permiten a los autores definir su identidad, establecer una conexión con su audiencia y crear una marca que resuene con los lectores. Un enfoque claro y coherente en la presentación de su trabajo no solo aumenta la visibilidad, sino que también construye una base sólida para futuras publicaciones.

Una de las estrategias más efectivas es la identificación del nicho de mercado. Los escritores deben investigar y analizar qué temas, géneros y estilos son populares entre su público objetivo. Al enfocar sus esfuerzos en un segmento específico, pueden adaptar su contenido y marketing para satisfacer las necesidades y deseos de esos lectores. Esto incluye la creación de un perfil de lector ideal, que les permita comprender mejor a quién se están dirigiendo y cómo pueden atraer su atención de manera más efectiva.

La construcción de una presencia en redes sociales es otra estrategia clave. Plataformas como Instagram, Twitter y Facebook ofrecen una oportunidad inigualable para conectar con lectores y otros escritores. Compartir contenido relacionado con su escritura, participar en discusiones literarias y promocionar sus obras de manera auténtica puede incrementar su visibilidad. Además, interactuar con seguidores y responder a sus comentarios genera una comunidad leal que apoyará al autor en el lanzamiento de nuevos libros.

La creación de contenido adicional, como blogs o newsletters, es otra táctica útil para el posicionamiento. A través de un blog, los autores pueden compartir su proceso creativo, ofrecer consejos de escritura y explorar temas de interés para su audiencia. Esto no solo ayuda a establecer su autoridad en el ámbito literario, sino que también atrae tráfico a sus plataformas de venta. Las newsletters, por su parte, permiten mantener a los lectores informados sobre novedades, promociones y lanzamientos, creando una relación continua con su base de seguidores.

El uso de reseñas y testimonios juega un papel crucial en la percepción del autor. Las recomendaciones de otros lectores son una forma poderosa de construir credibilidad y atraer nuevos lectores. Incentivar a los lectores a dejar reseñas en plataformas de libros y en redes sociales puede ser un factor decisivo en el proceso de compra de otros potenciales lectores. Al implementar estas estrategias de posicionamiento, los escritores nuevos y autopublicados pueden construir una marca sólida y rentable, aumentando así sus posibilidades de éxito en el competitivo mundo de la literatura independiente.

Importancia del branding personal

El branding personal es una herramienta fundamental para cualquier escritor que desee destacar en el competitivo mundo de la autopublicación. A través de la construcción de una marca personal sólida, los autores no solo pueden diferenciarse de la multitud, sino también conectar de manera más significativa con su audiencia. En un entorno donde miles de libros son publicados cada día, tener una identidad clara y atractiva puede ser la clave para captar la atención de lectores potenciales y establecer una base de seguidores leales.

Una marca personal efectiva ayuda a los escritores a comunicar su visión y estilo únicos. Esto incluye la creación de un mensaje coherente que resuene con su público objetivo. Los nuevos escritores deben considerar qué los motiva, qué historias desean contar y cómo pueden transmitir esas pasiones de manera auténtica. Esta autenticidad es lo que atrae a los lectores, quienes buscan no solo una buena historia, sino también una conexión con el autor. Al definir su marca, los escritores pueden presentar su trabajo de forma que resalte su individualidad y fortalezas.

El branding personal es esencial para el marketing en redes sociales. Las plataformas digitales ofrecen un espacio donde los autores pueden interactuar directamente con sus lectores, compartir contenido relevante y promocionar sus obras. Un perfil bien elaborado y una estrategia de contenido consistente pueden aumentar la visibilidad de un escritor, facilitando la creación de una comunidad en torno a su trabajo. Utilizar técnicas de copywriting adecuadas también puede mejorar la efectividad de las publicaciones, haciendo que el mensaje sea más persuasivo y atractivo.

La marca personal no solo se limita a la promoción de libros, sino que también abarca la gestión de la reputación del autor. Las reseñas y testimonios son elementos cruciales en este proceso. Un escritor que cultivó una imagen positiva y se relaciona de manera efectiva con su audiencia puede beneficiarse de recomendaciones boca a boca, lo que amplía su alcance y credibilidad en el mercado. La atención a la gestión de la marca es, por lo tanto, un aspecto que no debe ser descuidado, ya que influye directamente en el éxito de un libro autopublicado.

Finalmente, desarrollar una marca personal sólida permite a los escritores establecer colaboraciones y redes de contacto más efectivas. Con una identidad bien definida, los autores pueden atraer a otros escritores, editores y profesionales del sector que deseen colaborar o apoyarlos en sus proyectos. Estas conexiones son vitales para el crecimiento profesional y la creación de oportunidades futuras. En resumen, el branding personal no solo es importante, sino esencial para cualquier escritor que busque destacar y triunfar en el mundo de la autopublicación.

Herramientas para crear tu marca

Crear una marca personal como escritor es fundamental para destacar en el competitivo mundo de la autopublicación. Las herramientas disponibles para construir tu marca son diversas y efectivas. En primer lugar, es esencial tener una presencia en línea sólida. Esto incluye la creación de un sitio web profesional donde puedas compartir información sobre tus libros, biografía y contenido adicional que resuene con tu audiencia. Un blog puede ser una extensión útil de tu sitio, permitiéndote compartir tus ideas, experiencias y consejos, lo que a su vez puede atraer a lectores interesados en tu trabajo.

Las redes sociales son otra herramienta poderosa para los escritores que buscan establecer y fortalecer su marca. Plataformas como Instagram, Facebook y Twitter permiten interactuar directamente con los lectores, compartir actualizaciones sobre tus proyectos y participar en conversaciones relevantes. Utilizar estas plataformas de manera estratégica no solo ayuda a construir una comunidad, sino que también ofrece la oportunidad de recibir retroalimentación y comprender mejor las preferencias de tu audiencia. La consistencia en la publicación y la autenticidad en la comunicación son clave para generar un seguimiento leal.

El diseño gráfico es un aspecto vital en la creación de tu marca, especialmente en lo que respecta a la portada de tus libros. Una portada atractiva puede atraer la atención de los lectores y comunicar el género y el tono de tu obra. Herramientas como Canva o Adobe Spark permiten a los escritores diseñar portadas impactantes sin necesidad de ser expertos en diseño. Además, invertir en un diseñador profesional puede ser una decisión acertada si buscas un acabado más pulido y profesional.

El copywriting también juega un papel crucial en la construcción de tu marca como escritor. La forma en que te presentas a ti mismo y a tus libros a través de descripciones, biografías y publicaciones en redes sociales puede marcar la diferencia en la forma en que los lectores perciben tu trabajo. Aprender técnicas de copywriting te permitirá escribir de manera persuasiva y efectiva, ayudando a que tus libros se destaquen en un mercado saturado. Conectar emocionalmente con tu audiencia es fundamental y el uso de historias y anécdotas personales puede ser una estrategia potente.

El networking y las colaboraciones con otros autores y profesionales del sector son herramientas invaluables para fortalecer tu marca. Participar en eventos literarios, unirte a grupos de escritores y colaborar en proyectos conjuntos puede abrirte puertas y ofrecerte nuevas oportunidades de promoción. Estas conexiones no solo pueden ayudarte a difundir tu trabajo, sino que también pueden ofrecerte apoyo y motivación en tu camino como escritor autopublicado. La construcción de una marca sólida es un proceso continuo que requiere dedicación y una estrategia bien definida, pero con las herramientas adecuadas, puedes lograrlo con éxito.

Capítulo 9: Costo efectivo de Estrategias de marca

Presupuestos para marketing

El primer paso para desarrollar un presupuesto de marketing efectivo es entender la importancia de la planificación financiera. Los escritores nuevos y autopublicados a menudo subestiman los costos asociados con la promoción de sus libros. Es fundamental destinar una parte de las ganancias esperadas a actividades de marketing. Esto no solo incluye la publicidad en redes sociales, sino también el diseño de portadas atractivas, la creación de contenido y la gestión de promociones. Definir un presupuesto claro y realista permitirá a los escritores priorizar sus esfuerzos y maximizar su retorno de inversión.

Una estrategia efectiva es determinar el porcentaje de los ingresos que se destinará a marketing. Muchos expertos sugieren que entre el 10% y el 20% de las ventas proyectadas debería ser suficiente para cubrir los costos iniciales de promoción. Este enfoque permite a los escritores ajustar su estrategia de marketing en función del rendimiento de sus libros, lo que facilita la identificación de qué tácticas son más efectivas. Además, es recomendable establecer un fondo de emergencia para imprevistos que puedan surgir durante la promoción de la obra.

Al elaborar un presupuesto, es esencial incluir todos los costos potenciales. Esto abarca desde anuncios pagados en plataformas como Facebook e Instagram, hasta la creación de newsletters y colaboraciones con otros autores. También se deben considerar los gastos relacionados con la creación de contenido visual, como gráficos y vídeos, que son fundamentales para captar la atención en redes sociales. Un desglose detallado de los gastos ayudará a los escritores a entender mejor dónde invierten su dinero y cuáles son las áreas que necesitan más atención.

Además, los escritores deben evaluar el retorno de inversión (ROI) de cada estrategia de marketing que implementen. Esto implica analizar el impacto de sus acciones en las ventas y la visibilidad del libro. Al evaluar el rendimiento de diferentes tácticas, los escritores pueden ajustar su presupuesto y priorizar aquellas que demuestren ser más efectivas. Esta práctica no solo maximiza el impacto del presupuesto, sino que también proporciona valiosos aprendizajes para futuras campañas de marketing.

El marketing no es un gasto, sino una inversión en la carrera como escritor. Al establecer un presupuesto de marketing bien planificado, los autores pueden construir una marca sólida y rentable a largo plazo. Con una gestión adecuada de los recursos y una evaluación constante de las estrategias utilizadas, los escritores nuevos y autopublicados estarán en una posición más fuerte para alcanzar su audiencia y lograr el éxito en el competitivo mundo de la autopublicación.

Recursos gratuitos y de bajo costo

En el mundo de la autopublicación, es fundamental que los escritores nuevos y jóvenes encuentren recursos accesibles que les permitan llevar a cabo sus proyectos sin incurrir en gastos excesivos. Existen numerosas herramientas gratuitas y de bajo costo que pueden facilitar cada etapa del proceso, desde la escritura y edición hasta la promoción y comercialización de sus obras. Con el acceso a estos recursos, los autores pueden enfocarse en lo que realmente importa: crear historias cautivadoras y conectar con su audiencia.

Una de las primeras áreas donde los escritores pueden ahorrar es en la escritura y edición. Aplicaciones como Google Docs permiten a los autores escribir y colaborar en sus manuscritos sin costo alguno. Además, herramientas como Grammarly ofrecen versiones gratuitas que ayudan a mejorar la gramática y la claridad del texto. Para aquellos que buscan una edición más profunda, hay foros y grupos en redes

sociales donde los escritores pueden intercambiar manuscritos y recibir retroalimentación constructiva entre pares, fomentando así una comunidad de aprendizaje y apoyo.
La creación de portadas atractivas es otro aspecto crucial de la autopublicación. Existen plataformas gratuitas como Canva que permiten a los escritores diseñar sus propias cubiertas con plantillas personalizables y herramientas intuitivas. Para quienes prefieren opciones más profesionales pero económicas, hay diseñadores que ofrecen servicios a precios accesibles en sitios como Fiverr o 99designs, donde se puede encontrar talento emergente dispuesto a trabajar con presupuestos limitados. Tener una portada atractiva es clave para atraer lectores en plataformas digitales.
El marketing en redes sociales es un componente esencial de la estrategia de autopublicación. Los escritores pueden utilizar plataformas como Facebook, Instagram y Twitter de manera gratuita para promocionar sus libros y construir una comunidad de lectores. Además, las newsletters son una excelente forma de mantener informados a los seguidores sobre nuevos lanzamientos y eventos. Herramientas como Mailchimp ofrecen planes gratuitos que permiten gestionar listas de correos y enviar boletines informativos, facilitando así la comunicación directa con los lectores.
Por último, el networking y las colaboraciones pueden ser recursos valiosos para los escritores independientes. Participar en grupos de escritura y foros en línea permite a los autores establecer conexiones con otros escritores y profesionales del sector. Estas interacciones pueden abrir puertas a oportunidades de colaboración y promoción mutua. La creación de comunidades de lectores y escritores en redes sociales no solo ayuda a construir una audiencia fiel, sino que también ofrece un espacio para compartir experiencias y estrategias que beneficien a todos los miembros del grupo.

Medición de resultados de marca

La medición de resultados de marca es fundamental para cualquier escritor que busca establecerse en el competitivo mundo de la autopublicación. Al desarrollar una marca personal, es crucial no solo construir una presencia en línea, sino también evaluar cómo esa presencia impacta en la percepción del público y en las ventas de libros. Para los escritores nuevos, entender qué métricas seguir y cómo interpretarlas puede marcar la diferencia entre el éxito y el fracaso. Las herramientas de análisis, como Google Analytics o las métricas de redes sociales, permiten obtener información valiosa sobre el comportamiento de los lectores y la efectividad de las estrategias implementadas.

Uno de los aspectos más importantes de la medición de resultados es el seguimiento de la interacción del público con el contenido. Esto incluye analizar el tráfico en el sitio web del autor, las tasas de apertura de newsletters y el compromiso en redes sociales. Estas métricas ayudan a identificar qué tipo de contenido resuena más con la audiencia. Por ejemplo, si un autor nota que sus publicaciones sobre el proceso de escritura generan más interacción que las promociones de libros, podría considerar ajustar su estrategia de contenido para enfocarse más en lo que realmente interesa a sus lectores.

Además de la interacción, las métricas de conversión son esenciales para evaluar el éxito de las campañas de marketing. Esto implica observar cuántas visitas se traducen en ventas de libros o en suscripciones a boletines. Herramientas como el seguimiento de enlaces y códigos de promoción pueden ofrecer datos sobre la efectividad de las estrategias de marketing utilizadas. Los escritores deben ser metódicos al analizar estos datos y hacer ajustes continuos a sus tácticas para maximizar el retorno de inversión en sus esfuerzos de promoción.

La gestión de reseñas y testimonios también juega un papel crucial en la medición de resultados de marca. Las opiniones de los lectores no solo impactan la reputación del autor, sino que también influyen en la decisión de compra de futuros lectores. Establecer un sistema para solicitar, gestionar y analizar reseñas puede proporcionar información sobre qué aspectos de la escritura y la marca son más valorados por la audiencia. Esto permite a los escritores adaptar su enfoque y mejorar continuamente su producto.

Construir una comunidad alrededor de la marca personal es esencial, y la medición de la lealtad del lector puede ser un indicador de éxito. Herramientas como encuestas y grupos de discusión permiten a los escritores obtener feedback directo de su audiencia. Al comprender qué elementos de su marca son más apreciados y qué áreas necesitan mejora, los autores pueden crear una conexión más profunda con sus lectores, lo que a su vez puede traducirse en un mayor éxito en ventas y en una presencia más sólida en el mercado de autopublicación.

Capítulo 10: Autopublicación en plataformas digitales

Principales plataformas de referencia en autopublicación

Las plataformas de autopublicación han revolucionado la forma en que los escritores nuevos y emergentes pueden compartir sus obras con el mundo. A diferencia de las editoriales tradicionales, que suelen tener procesos rigurosos y largos, las plataformas de autopublicación ofrecen a los autores la libertad de publicar sus libros de manera rápida y sin necesidad de un intermediario. Esto significa que cualquier escritor puede llevar su historia desde el manuscrito hasta la venta en cuestión de días, lo que democratiza el acceso a la publicación y permite que diversas voces sean escuchadas.

Entre las principales plataformas de autopublicación se encuentran Amazon Kindle Direct Publishing (KDP), Smashwords y Lulu. KDP es, sin duda, la más conocida y utilizada, ya que permite a los autores publicar tanto en formato digital como en papel. La facilidad de uso de su interfaz, junto con la posibilidad de acceder a un vasto mercado global, la convierte en una opción popular para muchos escritores. Por otro lado, Smashwords se especializa en la distribución de eBooks a múltiples plataformas, lo que proporciona a los autores una mayor visibilidad en diferentes librerías digitales. Lulu, por su parte, se enfoca en la impresión bajo demanda, lo que permite a los escritores ofrecer copias físicas de sus libros sin necesidad de invertir en grandes tiradas.

Cada plataforma tiene sus propias características que pueden beneficiar a diferentes tipos de escritores. Por ejemplo, KDP ofrece programas de promoción y la posibilidad de participar en Kindle Unlimited, lo que puede ser atractivo para aquellos que buscan ganar visibilidad rápidamente. En contraste, Smashwords proporciona una opción más flexible para la distribución, permitiendo al autor elegir dónde quiere que su libro esté disponible. Además, Lulu permite personalizar la calidad y el formato del libro, lo cual es esencial para los escritores que valoran la estética de su obra.

Es importante que los nuevos escritores investiguen y elijan la plataforma que mejor se adapte a sus necesidades y objetivos. Algunos autores pueden priorizar la distribución amplia y la facilidad de uso, mientras que otros pueden estar más interesados en la calidad de impresión o en la posibilidad de participar en programas específicos de promoción. Tomar decisiones informadas sobre la plataforma de autopublicación puede marcar una gran diferencia en el éxito de la obra y en la construcción de una marca personal como escritor.

La autopublicación no solo se trata de elegir una plataforma, sino también de entender cómo maximizar su potencial. Esto incluye aprender sobre estrategias de marketing digital, como el uso de redes sociales y newsletters, así como la importancia de construir una comunidad de lectores. Al enfocarse en estas áreas, los escritores pueden aumentar su alcance y crear una base de seguidores leales que apoyen su trabajo a largo plazo. La autopublicación es una herramienta poderosa, y al dominar las plataformas disponibles, los nuevos escritores pueden transformar su pasión por contar historias en una carrera exitosa.

Comparación de costos y beneficios

La comparación de costos y beneficios es una de las decisiones más cruciales que un escritor nuevo debe considerar al entrar en el mundo de la autopublicación. A menudo, los autores se sienten abrumados por las múltiples opciones disponibles y los gastos asociados, lo que puede dificultar la identificación de la estrategia más rentable. Al desglosar los costos de la autopublicación, los escritores pueden evaluar no solo la inversión monetaria, sino también el tiempo y el esfuerzo que implican las diversas tácticas, desde la creación de un libro hasta su promoción en plataformas digitales.

Uno de los costos más evidentes es el de la producción del libro, que incluye la edición, el diseño de la portada y la maquetación. Si bien estos servicios pueden ser adquiridos a precios variados, es fundamental entender que la calidad de estos elementos impactará directamente en la percepción del lector y, por ende, en las ventas. Invertir en un buen editor y un diseño atractivo puede parecer costoso inicialmente, pero a largo plazo, puede resultar en un mayor retorno de inversión al atraer más lectores y generar reseñas positivas.

Por otro lado, los beneficios de una autopublicación efectiva no solo se traducen en ganancias monetarias, sino también en la construcción de una marca personal sólida. Establecer una presencia en redes sociales y crear comunidades de lectores puede ser un proceso que requiere tiempo, pero sus beneficios son incalculables. Al desarrollar una audiencia leal, los autores no solo incrementan sus ventas, sino que también obtienen un espacio para interactuar con sus lectores, lo que puede enriquecer su proceso creativo y fomentar futuras colaboraciones.

Es importante considerar las estrategias de marketing y promoción como parte integral del análisis de costos y beneficios. Las técnicas de marketing en redes sociales, el uso de newsletters y la gestión de reseñas son herramientas que, aunque pueden implicar gastos en publicidad o servicios, ofrecen una forma efectiva de alcanzar a un público más amplio. La clave es evaluar el retorno esperado de estas inversiones en términos de visibilidad y ventas, así como la posibilidad de establecer relaciones duraderas con los lectores.

Finalmente, al comparar costos y beneficios, los escritores nuevos deben tener en cuenta su propio tiempo y habilidades. Algunas tareas, como la edición o el diseño, pueden ser delegadas a profesionales, pero otros aspectos, como la escritura y el desarrollo de contenido, son insustituibles. La autopublicación exitosa implica un equilibrio entre invertir en servicios externos y aprovechar las propias capacidades, lo que puede llevar a una experiencia enriquecedora y productiva en el mundo literario.

Proceso de publicación en línea

El proceso de publicación en línea es una etapa crucial para cualquier escritor que desee compartir su obra con el mundo. En la actualidad, la autopublicación ha transformado la forma en que los autores pueden acceder al mercado literario. Con plataformas como Amazon Kindle Direct Publishing, Smashwords y Lulu, los escritores nuevos tienen la oportunidad de publicar sus libros de manera rápida y efectiva, sin la necesidad de pasar por las complicaciones de las editoriales tradicionales. Este proceso comienza con la preparación del manuscrito, asegurando que esté bien editado y formateado para el medio digital.

Una vez que el manuscrito está listo, el escritor debe seleccionar la plataforma de autopublicación más adecuada para sus necesidades. Cada plataforma ofrece diferentes características, opciones de precios y distribución. Es fundamental investigar y comparar estas opciones para elegir la mejor alternativa. Algunos autores optan por la autopublicación en múltiples plataformas para maximizar su alcance, mientras que otros prefieren concentrarse en una sola para fortalecer su presencia en ese canal específico. La elección de la plataforma puede influir en la visibilidad del libro y en las oportunidades de ventas.

Aparte del formato y la distribución, otro aspecto esencial del proceso de publicación en línea es la creación de una portada atractiva. La portada es la primera impresión que los lectores tendrán de la obra, y un diseño profesional puede marcar la diferencia en las decisiones de compra. Muchos escritores optan por contratar diseñadores gráficos o utilizar herramientas en línea para crear portadas que capten la atención. Es recomendable que la portada refleje el contenido del libro y resuene con el público objetivo, alineándose con las tendencias del género literario.

Una vez que el libro está publicado, la promoción se convierte en una prioridad. Las estrategias de marketing digital son fundamentales para alcanzar a los lectores potenciales. Esto incluye la utilización de redes sociales, la creación de newsletters y el establecimiento de comunidades de lectores. Los autores deben aprender a construir su marca personal y a posicionarse en el mercado. La interacción con los seguidores y la gestión de reseñas son herramientas poderosas para generar interés y aumentar las ventas. El marketing no solo se trata de vender, sino de conectar con los lectores de manera auténtica.

Es importante recordar que el proceso de publicación en línea no termina con la publicación del libro. La gestión continua de la carrera como autor requiere una planificación estratégica y una adaptación constante a las tendencias del mercado. Networking y colaboraciones con otros escritores pueden abrir nuevas oportunidades y enriquecer la experiencia del autor. Con dedicación y una comprensión clara del proceso de autopublicación, los escritores nuevos pueden establecer una carrera exitosa y sostenible en el mundo literario.

Capítulo 11: Creación de Portadas atractivas para libros autopublicados

Importancia de una buena portada

Una buena portada es esencial para cualquier libro, especialmente en el competitivo mundo de la autopublicación. La portada es la primera impresión que los lectores tienen del trabajo de un autor; actúa como un escaparate que puede atraer o repeler a potenciales compradores. En un entorno donde los títulos compiten por la atención en plataformas digitales y librerías, invertir tiempo y recursos en una portada atractiva se convierte en una estrategia crucial para el éxito literario. Una portada bien diseñada no solo comunica el género y el tono de la obra, sino que también refleja la calidad y el profesionalismo del autor.

La importancia de la portada va más allá de su atractivo visual. Es un elemento clave en la construcción de la marca del autor. Una portada coherente con la identidad del autor ayuda a crear reconocimiento y fidelidad en los lectores. Cuando un autor lanza múltiples obras, una estética uniforme en las portadas puede facilitar que los lectores identifiquen rápidamente sus libros, lo que a su vez fomenta una conexión más profunda con su audiencia. Por lo tanto, una buena portada no solo atrae a nuevos lectores, sino que también contribuye a la lealtad de los existentes.

Una portada efectiva puede influir en las decisiones de compra de los lectores. Estudios han demostrado que los consumidores tienden a juzgar un libro por su cubierta antes de leer la sinopsis. Una imagen impactante, combinada con una tipografía adecuada, puede hacer que un libro destaque en una lista de recomendaciones o en una búsqueda en línea. Por ello, es vital que los autores consideren su público objetivo al diseñar sus portadas. Comprender qué elementos visuales resuenan con su audiencia puede marcar la diferencia entre un libro que se queda en el estante y uno que se convierte en un éxito de ventas.

El uso de colores, imágenes y tipografía no solo debe ser atractivo, sino también coherente con el contenido del libro. Por ejemplo, una novela de terror puede beneficiarse de una paleta de colores oscuros y una tipografía que evoque misterio, mientras que una comedia romántica puede optar por colores más vivos y un diseño más ligero. La conexión entre la portada y el contenido es fundamental, ya que los lectores esperan que la presentación visual refleje la experiencia que el libro les ofrecerá. Por lo tanto, los autores deben trabajar en estrecha colaboración con diseñadores gráficos o aprender a utilizar herramientas de diseño para crear portadas que realmente representen su obra.

Finalmente, no se debe subestimar el impacto de una buena portada en las estrategias de marketing. Una presentación visual efectiva puede ser un poderoso aliado en las campañas promocionales, especialmente en redes sociales, donde las imágenes predominan. Compartir imágenes de la portada en plataformas como Instagram o Facebook puede generar interés y conversación en torno al libro. Además, una portada atractiva puede ser la clave para captar la atención de reseñadores y bloggers, quienes a menudo prefieren trabajar con autores que demuestran un compromiso con la calidad en todos los aspectos de su publicación. Por estas razones, invertir en una buena portada debe ser una de las prioridades de cualquier escritor que desee autopublicarse con éxito.

Elementos de diseño a considerar

Al abordar el proceso de autopublicación, es fundamental considerar varios elementos de diseño que pueden influir en la percepción del libro por parte de los lectores. Uno de los aspectos más visibles es la portada. Una portada atractiva no solo capta la atención, sino que también comunica el género y el tono de la obra. Para los escritores nuevos, invertir tiempo y recursos en una portada de calidad puede marcar la diferencia entre un libro que se vende y uno que pasa desapercibido. La elección de colores, tipografía y las imágenes deben ser coherentes con el contenido del libro y resonar con el público objetivo.

Otro elemento clave es el diseño de la maquetación interior. La forma en que se presenta el texto puede afectar la legibilidad y la experiencia del lector. Es importante elegir un tipo de letra que sea fácil de leer y un tamaño de fuente adecuado. Además, el uso de márgenes, interlineado y espaciado entre párrafos contribuye a una lectura más fluida. Un diseño interior bien cuidado no solo mejora la estética, sino que también demuestra profesionalismo, lo que genera confianza en los lectores.

La elección de la sinopsis y el contenido de la contraportada es igualmente crucial. Esta sección debe ser una invitación irresistible para los lectores. Debe resumir el argumento de manera clara y atractiva, generando curiosidad sin revelar demasiado. Los escritores deben dedicar tiempo a escribir una sinopsis que refleje la esencia de su obra y que incentive a los potenciales lectores a adquirir el libro. Además, incluir testimonios o reseñas positivas puede fortalecer la credibilidad y atraer a más lectores.

El uso de imágenes y gráficos dentro del libro también puede enriquecer la experiencia del lector. Para aquellos que escriben en géneros como la fantasía o la ciencia ficción, incluir mapas, ilustraciones o gráficas puede ayudar a contextualizar la historia y hacerla más inmersiva. Sin embargo, es esencial que estas imágenes sean de alta calidad y que se integren de forma armoniosa con el texto, evitando distracciones que puedan restar valor al contenido narrativo.

El diseño de la presencia en línea del autor es un aspecto que no se puede pasar por alto. La creación de un sitio web profesional y perfiles en redes sociales bien diseñados puede ser fundamental para el éxito de un libro autopublicado. Estos espacios deben reflejar la marca personal del autor y ofrecer contenido relevante que atraiga y mantenga la atención de los lectores. Una estrategia de marketing bien diseñada, que incluya elementos visuales atractivos, no solo ayuda a vender libros, sino que también construye una comunidad de lectores leales a largo plazo.

Herramientas para diseñar portadas

El diseño de una portada efectiva es fundamental para captar la atención de los lectores potenciales y transmitir la esencia de la obra. A menudo, la portada es lo primero que un lector ve, y su impacto puede ser decisivo en la elección de un libro. Para los escritores nuevos y autopublicados, es esencial contar con herramientas que les permitan crear portadas atractivas y profesionales, incluso si no tienen experiencia previa en diseño gráfico.

Una de las herramientas más accesibles es Canva, una plataforma en línea que ofrece una amplia variedad de plantillas personalizables para portadas de libros. Su interfaz intuitiva permite a los autores arrastrar y soltar elementos gráficos, lo que facilita la creación de diseños atractivos sin necesidad de tener conocimientos avanzados en diseño. Además, Canva proporciona acceso a una biblioteca de imágenes, fuentes y gráficos que pueden enriquecer la presentación de la obra, ayudando a los escritores a expresar su visión de manera efectiva.

Otra opción popular es Adobe Spark, que también permite a los usuarios diseñar portadas de libros con facilidad. Esta herramienta ofrece características adicionales como la posibilidad de ajustar el tamaño de la portada para diferentes plataformas de autopublicación. Adobe Spark es ideal para autores que buscan un poco más de personalización y control creativo. Además, su capacidad para integrar texto y elementos visuales de manera cohesiva permite a los escritores crear portadas que reflejen el tono y el estilo de sus historias.

Para aquellos que buscan un enfoque más profesional, herramientas como Affinity Designer y Adobe InDesign pueden ser la solución. Aunque requieren más habilidades técnicas, estas aplicaciones ofrecen un control total sobre el diseño, permitiendo a los autores crear portadas complejas y únicas. A través de tutoriales y recursos en línea, los escritores pueden aprender a utilizar estas herramientas para hacer que sus portadas se destaquen en un mercado competitivo, asegurando que su libro atraiga a su público objetivo.

Es importante no olvidar el valor del feedback. Una vez que se ha diseñado una portada, es recomendable compartirla con amigos, familiares o incluso en grupos de escritores en redes sociales para obtener opiniones. La retroalimentación puede ofrecer perspectivas valiosas y ayudar a identificar áreas de mejora. Un diseño atractivo no solo necesita ser visualmente agradable, sino también resonar con el mensaje del libro y conectar con el público al que se dirige. Con las herramientas adecuadas y un enfoque colaborativo, cualquier escritor puede crear una portada que no solo llame la atención, sino que también sea un reflejo auténtico de su obra.

Capítulo 12: Estrategias de Precios para libros de autores Autopublicados

¿Cómo fijar el precio de tu libro?

Fijar el precio de tu libro es una de las decisiones más importantes que tomarás como autor autopublicado. Un precio adecuado no solo influye en tus ingresos, sino también en la percepción del valor de tu obra. Es fundamental investigar el mercado y analizar libros similares en tu género, considerando tanto la longitud como la calidad del contenido. Utiliza herramientas en línea para comparar precios y determinar un rango que sea atractivo para los lectores y que refleje el esfuerzo que has puesto en tu escritura.

Un aspecto clave a tener en cuenta es el tipo de formato en el que publicas tu libro. Los libros electrónicos suelen tener precios más bajos que los libros impresos, ya que los costos de producción son significativamente menores. Sin embargo, es importante no subestimar el valor de tu trabajo. Si decides autopublicar en formato físico, considera los costos de impresión y distribución, así como el margen de ganancia que deseas obtener. Esto te ayudará a establecer un precio que cubra tus gastos y te permita obtener beneficios.

No solo debes investigar el mercado, debes considerar a tu audiencia objetivo. Comprender quiénes son tus lectores te permitirá fijar un precio que se ajuste a su disposición a pagar. Si tu libro está dirigido a un público joven o a estudiantes, es posible que debas optar por un precio más accesible. Por otro lado, si te diriges a un nicho específico que busca contenido de alta calidad, puedes permitirte un precio más elevado. La segmentación del mercado es esencial para maximizar tus ventas y atraer a los lectores adecuados.

Las estrategias de marketing también juegan un papel fundamental en la fijación de precios. Puedes optar por tácticas como ofrecer descuentos temporales o promociones de lanzamiento para atraer la atención inicial hacia tu libro. Estas ofertas pueden ayudar a generar reseñas y testimonios, lo que aumentará la visibilidad y credibilidad de tu obra. Además, considera la posibilidad de utilizar plataformas de autopublicación que ofrezcan opciones de pricing flexibles, lo que te permitirá ajustar el precio según la respuesta del mercado.

La revisión periódica de tu estrategia de precios es crucial. A medida que tu libro gane tracción y obtengas más reseñas, es posible que puedas aumentar el precio si el valor percibido por los lectores ha crecido. Asimismo, mantente atento a las tendencias del mercado y a las respuestas de tus lectores. La adaptabilidad es clave en el mundo de la autopublicación, y ajustar el precio de tu libro puede ser una estrategia eficaz para aumentar tus ventas y construir una carrera exitosa como autor.

Estrategias de precios psicológicos

Las estrategias de precios psicológicos son herramientas clave para los escritores autopublicados que buscan maximizar sus ventas y construir una audiencia fiel. Estas tácticas se basan en la comprensión de cómo los consumidores perciben los precios y toman decisiones de compra. Al aplicar estas estrategias, los autores pueden influir en la percepción de valor de sus libros y, en consecuencia, mejorar su posicionamiento en un mercado competitivo.

Una de las estrategias más comunes es el uso de precios que terminan en .99. Esta técnica, conocida como "precios de encanto", sugiere que un libro que cuesta 9.99 se percibe como significativamente más barato que uno que cuesta 10.00, a pesar de que la diferencia es mínima. Para los nuevos escritores, esta estrategia puede ser especialmente efectiva al lanzar su primer libro, ya que puede atraer a lectores que están indecisos sobre realizar una compra. Además, establecer un precio inicial bajo puede facilitar la acumulación de reseñas y testimonios, lo que a su vez puede aumentar la credibilidad y el interés por futuras publicaciones.

Otra táctica es la creación de precios de anclaje, donde un libro se presenta junto a otros de mayor precio para influir en la percepción del lector. Por ejemplo, si un autor publica un libro a 14.99, pero también ofrece un paquete de libros donde el precio de uno de ellos es de 24.99, los lectores pueden ver el primero como una oferta atractiva. Esta técnica no solo ayuda a posicionar el libro en un rango de precios favorable, sino que también puede impulsar las ventas de otros títulos del autor.

Además, los escritores pueden considerar la implementación de precios dinámicos, que permiten ajustar el precio del libro en función de la demanda, las tendencias del mercado o las temporadas de ventas. Por ejemplo, un autor podría ofrecer su libro a un precio reducido durante un periodo de promoción o en días específicos, como el Black Friday. Esta flexibilidad no solo puede atraer a más lectores, sino que también puede aumentar la visibilidad del libro en plataformas digitales.

Finalmente, es importante recordar que la percepción del precio también está relacionada con la calidad del contenido. Un precio demasiado bajo puede hacer que los lectores asocien el libro con una menor calidad. Por lo tanto, los escritores deben equilibrar sus estrategias de precios psicológicos con la percepción de valor que desean transmitir. Al hacerlo, no solo se asegurarán de que sus libros sean competitivos en el mercado, sino que también construirán una marca sólida y rentable a largo plazo.

Promociones y descuentos efectivos

Las promociones y descuentos son herramientas fundamentales para atraer la atención de los lectores hacia libros autopublicados. Para los escritores nuevos, implementar una estrategia de promociones efectiva puede significar la diferencia entre un lanzamiento exitoso y uno que pasa desapercibido. Un descuento temporal puede incentivar a los lectores indecisos a adquirir el libro, especialmente si se ofrece durante un período limitado. Esto crea un sentido de urgencia que puede ser decisivo en el proceso de compra.

Una de las estrategias más efectivas es ofrecer el primer libro de una serie a un precio reducido o incluso de forma gratuita. Esta táctica no solo aumenta la visibilidad del autor, sino que también puede generar interés en las obras futuras. Al presentar un primer libro a bajo costo, los lectores tienen la oportunidad de conocer el estilo y la narrativa del autor sin un gran compromiso financiero. Esto puede llevar a que adquieran los siguientes títulos a precio completo, formando así una base de lectores leales.

Así como los descuentos en el precio, las promociones pueden incluir ofertas como la compra de un libro y la obtención de otro a mitad de precio. Este tipo de estrategias no solo incentivan la compra, sino que también pueden ayudar a mejorar la clasificación de ventas en plataformas digitales, lo que, a su vez, aumenta la visibilidad del libro. Promocionar estos descuentos en redes sociales y a través de newsletters es crucial para llegar a un público más amplio y maximizar el impacto de la promoción.

Es importante mencionar que las promociones deben ser planificadas cuidadosamente. Los escritores deben considerar el momento adecuado para lanzarlas, como durante festividades o eventos relevantes en el ámbito literario. Asimismo, el uso de herramientas analíticas puede ayudar a los autores a entender qué tipo de promociones han tenido más éxito en el pasado, permitiendo ajustar sus estrategias futuras. La experimentación constante con diferentes tipos de descuentos y promociones también puede proporcionar valiosos aprendizajes sobre el comportamiento de los lectores.

La gestión de reseñas y testimonios juega un papel clave en la efectividad de las promociones. Los autores deben alentar a sus lectores a dejar opiniones sobre sus libros, ya que estas reseñas pueden influir en las decisiones de compra de otros lectores. Un libro con buenas críticas es más probable que sea considerado, incluso si se ofrece a un precio más alto. Por lo tanto, combinar promociones atractivas con una sólida estrategia de gestión de reseñas puede ser una fórmula poderosa para el éxito en la autopublicación.

Capítulo 13: ¿Cómo escribir un libro Best seller de forma Independiente?

Características de un Best seller

Las características de un Best seller son diversas y abarcan desde la calidad del contenido hasta la capacidad de conectar con el público. Un Best seller no solo se define por la cantidad de copias vendidas, sino también por su impacto en los lectores. La trama debe ser convincente y estar bien estructurada, manteniendo el interés del lector desde la primera página hasta la última. Un autor que busca escribir un Best seller debe enfocarse en desarrollar personajes memorables y una historia que resuene emocionalmente, además de tener un ritmo adecuado que mantenga la tensión narrativa.

Otro aspecto crucial es la originalidad. En un mercado saturado, los lectores buscan historias frescas y únicas que ofrezcan una nueva perspectiva. Esto implica que el escritor debe ser capaz de innovar dentro de su género, evitando clichés y explorando temas que sean relevantes y contemporáneos. La creatividad en la narrativa, las tramas inesperadas y las enseñanzas profundas pueden ser factores determinantes que lleven a una obra a convertirse en un Best seller.

La calidad técnica del texto es igualmente fundamental. Un Best seller generalmente cuenta con una edición y corrección de estilo rigurosas. Esto no solo mejora la fluidez del texto, sino que también establece una conexión más fuerte con el lector, al proporcionar una experiencia de lectura agradable y sin distracciones. Los escritores noveles deben invertir tiempo en aprender sobre técnicas de edición y considerar la posibilidad de contratar a un profesional para asegurar que su obra cumpla con los estándares del mercado.

La capacidad de marketing y promoción también juega un papel esencial en el éxito de un Best seller. Los escritores autopublicados deben ser proactivos en la creación de una presencia sólida en redes sociales, así como en el uso de estrategias efectivas de marketing digital. La construcción de una comunidad de lectores leales es crucial, ya que estos pueden convertirse en embajadores de la obra, recomendándola a otros y generando una palabra a boca que puede ser decisiva para el éxito del libro.

Las reseñas y testimonios son elementos que pueden impulsar significativamente la visibilidad de un libro. Los lectores confían en las opiniones de otros, por lo que es importante gestionar las reseñas de manera efectiva. Incentivar a los lectores a dejar sus comentarios y utilizar estas valoraciones en la promoción del libro puede ser un factor determinante en su éxito. En conclusión, un Best seller combina una narrativa atractiva y original, calidad técnica, estrategias de marketing efectivas y una gestión adecuada de la reputación del libro en el mercado.

Estrategias de escritura efectivas

Una estrategia de escritura efectiva es fundamental para cualquier escritor que aspire a autopublicar su obra. En primer lugar, es esencial definir claramente el propósito de la escritura. Esto implica entender a quién va dirigido el libro, qué mensaje se quiere transmitir y cómo se desea que el lector se sienta al finalizar la lectura. Tener un objetivo claro permite guiar el proceso creativo y mantener la coherencia a lo largo del texto. Los escritores nuevos deben aprender a identificar su audiencia y adaptar su estilo a sus expectativas, lo cual es un paso crucial para conectar con los lectores.

La planificación es otro pilar de las estrategias de escritura efectivas. Antes de comenzar a escribir, es recomendable crear un esquema que organice los principales puntos y capítulos del libro. Esta estructura no solo ayuda a mantener el enfoque, sino que también facilita la identificación de los temas que requieren mayor desarrollo. Al diseñar un esquema, los escritores pueden visualizar la narrativa en su totalidad, lo que permite una mejor fluidez y cohesión en la escritura. Además, tener un plan de trabajo con plazos específicos para cada fase de la creación del libro puede aumentar la productividad y reducir la procrastinación.

El proceso de revisión y corrección es igualmente crucial. Una vez finalizado el primer borrador, es importante distanciarse del texto antes de comenzar a revisarlo. Esto permite al escritor abordar el contenido con una perspectiva fresca y crítica. Durante esta etapa, es recomendable leer en voz alta para detectar problemas de ritmo y fluidez. Además, contar con la opinión de lectores beta o un editor puede proporcionar una valiosa retroalimentación y ayudar a identificar áreas de mejora que el autor podría haber pasado por alto. La revisión no solo se trata de corregir errores gramaticales, sino también de pulir la voz narrativa y asegurar que la historia resuene con el público objetivo.

La implementación de técnicas de marketing desde la etapa de escritura también es una estrategia efectiva para escritores autopublicados. Desde el principio, los autores pueden pensar en cómo presentar su libro en redes sociales, utilizando fragmentos o citas que atraigan la atención de los lectores. Construir una presencia en línea sólida a través de plataformas como Instagram, Twitter o Facebook permite a los escritores interactuar con su audiencia y crear una comunidad en torno a su obra. Además, el uso de newsletters para compartir avances, ofrecer contenido exclusivo o anunciar el lanzamiento del libro puede ser una herramienta poderosa para mantener el interés de los seguidores.

La creación de una marca personal sólida es una estrategia que no debe subestimarse. Los escritores deben trabajar en definir su estilo, su mensaje y su imagen, elementos que los diferenciarán en un mercado saturado. La consistencia en la comunicación y la presentación de su trabajo contribuirá a establecer una identidad reconocible que atraerá a lectores leales. Aprender sobre copywriting, especialmente en el contexto de la ficción, puede ayudar a los autores a elaborar descripciones cautivadoras y títulos atractivos que resalten en plataformas de autopublicación. En conjunto, estas estrategias de escritura efectivas no solo facilitarán el proceso creativo, sino que también potenciarán las oportunidades de éxito en el competitivo mundo de la autopublicación.

Importancia de las reseñas y la retroalimentación

Las reseñas y la retroalimentación son elementos fundamentales en el proceso de autopublicación, especialmente para escritores nuevos y jóvenes que buscan establecerse en el competitivo mundo literario. Las reseñas actúan como un puente entre el autor y el lector, permitiendo que la voz del público sea escuchada y considerada. A través de estas críticas, los escritores pueden obtener una perspectiva valiosa sobre cómo se percibe su trabajo, lo que les ayuda a identificar fortalezas y áreas de mejora. La retroalimentación constructiva no solo fomenta el crecimiento personal como escritor, sino que también contribuye a la calidad general de las obras que se publican.

En la actualidad, muchos lectores se basan en opiniones de otros para decidir qué libro leer. Una buena reseña puede atraer a nuevos lectores, aumentar la visibilidad del libro y, en última instancia, impulsar las ventas. Por ello, es vital que los autores fomenten la obtención de reseñas desde el momento en que publican su obra. Construir una estrategia que incluya el incentivo a lectores para que dejen sus opiniones puede marcar la diferencia entre un libro que pasa desapercibido y uno que se convierte en un bestseller.

La gestión de reseñas también implica un entendimiento de la crítica. No todas las reseñas serán positivas, y es esencial que los escritores sepan aceptar las críticas de manera constructiva. Aprender a manejar la retroalimentación negativa puede ser un desafío, pero es una parte crucial del desarrollo como autor. Cada crítica ofrece una oportunidad para reflexionar sobre el trabajo y mejorar en futuras obras. Ignorar las reseñas desfavorables puede llevar a estancamientos en el crecimiento personal y profesional.

Crear una comunidad de lectores y fomentar el diálogo en plataformas digitales es otra forma en que la retroalimentación se convierte en un activo valioso. Al interactuar con los lectores a través de redes sociales, newsletters y foros, los autores pueden obtener información directa sobre lo que su audiencia valora. Esta interacción no solo ayuda a construir una base de seguidores leales, sino que también proporciona ideas frescas para nuevos proyectos. Los escritores deben considerar cómo utilizar estas plataformas para no solo promocionar sus libros, sino también para cultivar relaciones significativas con sus lectores.

La importancia de las reseñas y la retroalimentación se extiende más allá de la publicación de un solo libro. A medida que los escritores continúan desarrollando su carrera, el feedback recibido a lo largo del tiempo puede influir en su estilo, en la dirección de sus historias y en la manera en que se presentan al mundo. Fomentar una actitud receptiva hacia las opiniones de los lectores no solo enriquecerá su escritura, sino que también ayudará a construir una marca sólida y auténtica en el camino de la autopublicación.

Capítulo 14: Gestión de reseñas y testimonios para autores autopublicados

¿Cómo solicitar reseñas?

Solicitar reseñas es un paso crucial en el proceso de autopublicación, ya que las opiniones de los lectores no solo ayudan a construir la credibilidad de un autor, sino que también influyen en las decisiones de compra de otros potenciales lectores. Para comenzar, es importante identificar a los lectores adecuados que puedan proporcionar reseñas constructivas. Estos pueden ser amigos, familiares, o miembros de grupos de lectura que estén interesados en el género de tu libro. Al hacer una lista de posibles revisores, considera también a bloggers literarios y booktubers, quienes a menudo buscan nuevos títulos para reseñar.

Una vez que tengas una lista, el siguiente paso es comunicarte con ellos de manera efectiva. Al solicitar una reseña, es recomendable ser claro y conciso en tu mensaje. Presenta tu libro, menciona brevemente la sinopsis y el público objetivo, y explica por qué crees que su opinión sería valiosa. Es importante personalizar tus solicitudes, en lugar de enviar un mensaje genérico, ya que esto demuestra un interés genuino en su trabajo y en su opinión. También puedes ofrecer una copia gratuita del libro a cambio de una reseña, lo que puede aumentar las probabilidades de que acepten tu solicitud.

El tiempo es otro factor clave al solicitar reseñas. Es recomendable contactar a los revisores con anticipación, permitiéndoles suficiente tiempo para leer y comentar tu libro antes de cualquier fecha límite que tengas en mente, como el lanzamiento oficial. Esto también les da la oportunidad de disfrutar del libro sin la presión de una solicitud reciente. Además, asegúrate de darles un plazo razonable para que puedan gestionar su tiempo y compromisos personales. Ser flexible en este aspecto puede llevar a reseñas más detalladas y consideradas.

Una vez que recibas las reseñas, es fundamental agradecer a quienes han tomado el tiempo para leer y comentar sobre tu obra. Un simple agradecimiento puede fortalecer tu relación con los lectores y revisores, y puedes animarles a seguir apoyando tu trabajo en el futuro. Además, considera la posibilidad de compartir estas reseñas en tus plataformas de redes sociales y en tu sitio web, ya que esto no solo muestra tu aprecio, sino que también atrae la atención de otros lectores que podrían estar interesados en tu libro.

Por último, no subestimes el poder de las reseñas en la construcción de tu marca como autor. A medida que más personas lean y comenten sobre tu trabajo, podrás crear una comunidad de seguidores leales que no solo apoyarán tus futuros lanzamientos, sino que también compartirán tus libros con sus redes. La gestión de reseñas es, por lo tanto, una parte integral de tu estrategia de marketing como escritor autopublicado, y aprender a solicitar y manejar estas opiniones de manera efectiva puede marcar la diferencia en tu éxito literario.

Manejo de reseñas negativas

Manejar reseñas negativas es una parte inevitable del viaje de un escritor autopublicado. Las reseñas son la voz del lector y, aunque muchas pueden ser positivas y alentadoras, también es probable que enfrentes críticas que no siempre serán fáciles de digerir. Lo fundamental es no tomar estas críticas de manera personal. Recuerda que cada lector tiene sus propias expectativas y experiencias, y no todas las opiniones reflejan la calidad de tu trabajo. En lugar de reaccionar emocionalmente, es más productivo adoptar una perspectiva objetiva y analizar la reseña en busca de posibles áreas de mejora.

Una estrategia efectiva para manejar reseñas negativas es tomarse un tiempo antes de responder. La inmediatez puede llevar a reacciones impulsivas que no benefician tu imagen como autor. Permítete reflexionar sobre el comentario y considera si hay algún aspecto constructivo que puedas incorporar en futuros trabajos. A veces, las críticas pueden señalar tendencias que podrías no haber considerado, lo que a la larga te ayudará a crecer como escritor. Este enfoque no solo mejora tu escritura, sino que también muestra a tus lectores que valoras su opinión.

Es vital mantener una comunicación abierta y profesional. Si decides responder a una reseña negativa, hazlo con cortesía y respeto. Agradece al lector por su opinión, independientemente de si estás de acuerdo o no. Esto puede convertir una experiencia negativa en una oportunidad para mostrar tu carácter y compromiso con tus lectores. Sin embargo, evita entrar en debates o justificar tu trabajo de manera acalorada; esto generalmente no lleva a un resultado positivo y puede dañar tu reputación.

Considera también el contexto de las reseñas negativas dentro de un panorama más amplio. Una sola crítica no define tu éxito como autor. Observa el conjunto de reseñas que has recibido y presta atención a patrones. Si varias personas mencionan el mismo problema, es una señal clara de que debes prestar atención a esa área en tu escritura. Por otro lado, si la mayoría de tus reseñas son positivas, recuerda que esas voces son igualmente válidas y deben ser celebradas.

Utiliza las reseñas negativas como una herramienta para construir tu marca como autor. Compartir cómo enfrentas y aprendes de las críticas puede humanizarte ante tu audiencia y generar empatía. Esto puede fortalecer la conexión con tus lectores, quienes aprecian la autenticidad y la vulnerabilidad. En resumen, el manejo de reseñas negativas no solo es una cuestión de responder a críticas, sino una oportunidad para crecer, aprender y consolidar tu presencia en el mundo de la autopublicación.

Utilización de testimonios en marketing

La utilización de testimonios en marketing representa una herramienta poderosa para los escritores nuevos y autopublicados. Los testimonios son opiniones o comentarios de lectores, críticos o influenciadores que avalan la calidad de un libro. Incorporar estas voces en la estrategia de marketing no solo proporciona credibilidad, sino que también puede influir de manera significativa en la decisión de compra de otros lectores. En un mercado saturado, donde cada vez hay más opciones disponibles, los testimonios funcionan como una forma de destacar y generar confianza.

Para optimizar el uso de testimonios, es fundamental seleccionarlos cuidadosamente. Es recomendable buscar opiniones de personas que realmente hayan leído el libro y que puedan ofrecer una perspectiva honesta y constructiva. Los testimonios deben ser específicos, mencionando aspectos concretos como la trama, los personajes o el estilo del autor. Esto no solo aporta autenticidad, sino que también ayuda a potenciales lectores a identificar si el libro se ajusta a sus gustos e intereses.

Los testimonios pueden ser utilizados de diversas maneras. Pueden incluirse en la contraportada del libro, en la página web del autor o en las redes sociales. Además, es útil compartir testimonios positivos en newsletters o campañas de email marketing, ya que esto puede atraer la atención de aquellos que aún no han tomado la decisión de adquirir el libro. También se pueden crear gráficos atractivos que resalten estas opiniones y que sean fácilmente compartibles en plataformas sociales, generando así un mayor alcance.

Otra estrategia es la colaboración con bloggers o influencers del nicho literario. Al enviar copias de tu libro a estas personas, puedes obtener reseñas y testimonios que, al ser compartidos en sus plataformas, alcanzarán a un público más amplio. Esta práctica no solo sirve para obtener comentarios valiosos, sino que también puede establecer conexiones significativas dentro de la comunidad literaria. La visibilidad que ofrecen estos testimonios puede ser clave para construir una base de lectores sólida y leal.

Gestionar las reseñas y testimonios de forma activa es una necesidad. Esto implica responder a los comentarios, agradecer a los lectores por sus opiniones y, en algunos casos, abordar críticas constructivas. Esta interacción no solo muestra profesionalismo, sino que también ayuda a construir una comunidad en torno al autor. Un escritor que se preocupa por sus lectores y valora sus opiniones tiene más probabilidades de fomentar un ambiente positivo que impulse futuras ventas y el desarrollo de su marca personal.

Capítulo 15: Creación de Comunidades de lectores en redes sociales

Importancia de una comunidad de lectores

La importancia de una comunidad de lectores radica en su capacidad para proporcionar apoyo y retroalimentación. Para los escritores nuevos y autopublicados, contar con un grupo de lectores interesados en su obra puede ser fundamental para mejorar la calidad de sus escritos. Estas comunidades ofrecen un espacio donde los autores pueden compartir sus textos, recibir críticas constructivas y entender mejor las expectativas de su audiencia. Esta interacción no solo ayuda a pulir el contenido, sino que también fomenta un sentido de pertenencia y motivación entre los escritores.

Además, una comunidad activa puede actuar como un potente motor de promoción. Los lectores apasionados a menudo se convierten en defensores de los autores, recomendando sus libros a amigos y familiares. En la era digital, las redes sociales permiten que estas recomendaciones se difundan rápidamente, lo que puede traducirse en un aumento significativo de las ventas. Al construir relaciones sólidas con sus lectores, los escritores pueden generar un efecto de boca a boca que es invaluable para su carrera literaria.

Por otro lado, crear una comunidad de lectores también permite a los autores conocer mejor a su público objetivo. A través de interacciones directas, encuestas y conversaciones en línea, los escritores pueden obtener información valiosa sobre los gustos y preferencias de sus lectores. Esta información puede ser utilizada para guiar las decisiones de escritura, desde la elección de temas hasta el desarrollo de personajes, lo que resulta en obras que resuenan más profundamente con su audiencia.

El aspecto emocional de pertenecer a una comunidad es igualmente significativo. Los escritores, especialmente los nuevos, a menudo enfrentan la soledad del proceso creativo. Al unirse a un grupo de lectores y otros escritores, pueden compartir experiencias, desafíos y éxitos. Esta conexión emocional no solo alivia el aislamiento, sino que también puede inspirar a los autores a seguir adelante en momentos de duda y desánimo. La comunidad se convierte así en una fuente de fuerza y resiliencia en el camino hacia la autopublicación.

Fomenta siempre la creación de una comunidad de lectores también puede abrir puertas a oportunidades de colaboración. Los escritores pueden encontrar a otros autores con intereses similares, lo que puede dar lugar a proyectos conjuntos, promociones cruzadas o incluso eventos de lectura. Estas colaboraciones no solo amplían el alcance de cada autor, sino que también enriquecen la experiencia de los lectores al ofrecerles más contenido y variedad. En resumen, construir una comunidad de lectores es esencial para el crecimiento y éxito de un escritor en el competitivo mundo de la autopublicación.

Estrategias para construir tu comunidad

Para construir una comunidad sólida en torno a tu obra como escritor autopublicado, es fundamental comenzar por definir claramente a quién va dirigido tu contenido. Conocer a tu audiencia te permitirá crear mensajes relevantes y atractivos que resuenen con sus intereses. Investiga sobre sus preferencias, comportamientos y necesidades para establecer una conexión auténtica. Al identificar a tu público objetivo, podrás enfocar tus esfuerzos de manera más efectiva, eligiendo los canales de comunicación y las estrategias adecuadas para interactuar con ellos.

Una de las estrategias más efectivas es utilizar las redes sociales como plataformas para construir tu comunidad. Crea perfiles en las redes más populares como Facebook, Instagram y Twitter, donde puedas

compartir no solo información sobre tus libros, sino también contenido relacionado con tu proceso creativo, anécdotas y reflexiones personales. Publicar de manera regular y responder a los comentarios y mensajes de tus seguidores fortalecerá la relación y fomentará un sentido de pertenencia. Además, puedes unirte a grupos y foros de escritores y lectores para compartir tus experiencias y aprender de otros.
Las newsletters son otra herramienta poderosa para conectar con tu comunidad. A través de correos electrónicos, puedes ofrecer contenido exclusivo, como capítulos anticipados, recursos gratuitos o actualizaciones sobre tus proyectos. Asegúrate de que tus boletines sean visualmente atractivos y fáciles de leer. Esto no solo mantendrá a tus lectores informados, sino que también les recordará tu presencia y les dará una razón para mantener el interés en tus obras. Recuerda incluir llamados a la acción que los animen a interactuar contigo, como encuestas o preguntas abiertas.
La colaboración con otros autores y la participación en eventos literarios, tanto en línea como presenciales, también son estrategias clave. Al asociarte con otros escritores, puedes ampliar tu alcance y beneficiarte de sus audiencias. Participar en lecturas en vivo, ferias de libros y charlas te permitirá interactuar directamente con lectores potenciales y otros escritores, creando oportunidades para el networking y el intercambio de ideas. Estas experiencias no solo enriquecerán tu vida profesional, sino que también te ayudarán a establecerte como un referente en tu nicho.
No subestimes el poder de las reseñas y testimonios en la construcción de tu comunidad. Anima a tus lectores a dejar comentarios sobre tus libros en plataformas como Amazon y Goodreads, así como en tus redes sociales. Las opiniones de otros pueden influir significativamente en la decisión de nuevos lectores para elegir tu obra. Agradece a quienes se toman el tiempo para reseñar tus libros y considera compartir sus comentarios en tus canales. Esto no solo demuestra gratitud, sino que

también fomenta un ambiente positivo y alentador, esencial para el crecimiento de tu comunidad literaria.

Mantener la interacción con los lectores

Mantener la interacción con los lectores es un aspecto crucial para cualquier escritor que busca establecer una presencia sólida en el mundo de la autopublicación. La conexión con el público no solo fomenta la lealtad, sino que también puede traducirse en ventas sostenibles. Un escritor que entiende la importancia de esta interacción puede aprovechar diversas herramientas y plataformas para mantener el interés de sus lectores a lo largo del tiempo. Esto se traduce en una relación más dinámica y enriquecedora, donde los lectores no solo son consumidores, sino también participantes activos en el viaje literario del autor.

Una de las estrategias más efectivas para mantener esta interacción es la creación y gestión de comunidades en redes sociales. Plataformas como Facebook, Instagram y Twitter permiten a los autores interactuar directamente con sus seguidores. Compartir contenido relevante, responder preguntas y participar en conversaciones crea un sentido de pertenencia y conexión. Además, las comunidades pueden ser un espacio para recibir retroalimentación sobre nuevas ideas, lo que puede influir positivamente en el proceso creativo del escritor. Fomentar un ambiente donde los lectores se sientan valorados es esencial para cultivar una comunidad leal.

Otro enfoque clave es el uso de newsletters. Esta herramienta permite a los autores mantener a sus lectores informados sobre nuevos lanzamientos, eventos y promociones exclusivas. A través de un boletín periódico, un escritor puede compartir contenido adicional, como fragmentos de próximos libros, reflexiones sobre el proceso de escritura o incluso recomendaciones de lectura. Este tipo de comunicación no solo mantiene a los lectores comprometidos, sino que también les hace sentir parte del viaje del autor, lo que puede incrementar su interés en futuros trabajos.

La gestión de reseñas y testimonios es igualmente fundamental para mantener la interacción con los lectores. Alentar a los lectores a dejar comentarios y opiniones sobre sus libros no solo proporciona valiosos insights, sino que también crea una plataforma para que otros lectores se sientan motivados a descubrir la obra. Responder a estas reseñas, agradeciendo a los lectores por sus comentarios y reflexionando sobre sus impresiones, puede fortalecer la conexión entre el autor y su audiencia. Además, las reseñas positivas pueden ser una herramienta poderosa en las estrategias de marketing de un libro autopublicado.

El networking y las colaboraciones con otros escritores y profesionales del sector pueden enriquecer la experiencia de los lectores. Participar en eventos, ferias de libros o grupos de escritura puede abrir oportunidades para que los autores se conecten no solo entre ellos, sino también con sus lectores. Estas interacciones pueden llevar a proyectos conjuntos, promociones cruzadas y una mayor visibilidad en el mercado. La clave está en ser proactivo y estar dispuesto a explorar diferentes vías para mantener la conversación viva, asegurando que los lectores siempre tengan una razón para regresar y seguir apoyando al autor.

Capítulo 16: Uso de Newsletters para promocionar tus libros Autopublicados

Beneficios de las newsletters

Las newsletters se han convertido en una herramienta fundamental para los escritores autopublicados que buscan conectarse con su audiencia de manera efectiva. A través de este medio, los autores pueden mantener una comunicación constante con sus lectores, lo que les permite establecer una relación más personal y directa. Esto no solo fomenta la lealtad, sino que también crea un sentido de comunidad en torno a la obra del autor, crucial para el éxito a largo plazo en la autopublicación.

Uno de los principales beneficios de las newsletters es la capacidad de segmentar la audiencia. Los escritores pueden recopilar información sobre sus suscriptores, como intereses y preferencias, lo que les permite personalizar el contenido que envían. Esta personalización aumenta la relevancia de los mensajes y, en consecuencia, la probabilidad de que los lectores interactúen con ellos. Al ofrecer contenido que realmente resuena con su audiencia, los autores pueden mejorar el engagement y fomentar una mayor conexión emocional con sus lectores.

Las newsletters son una herramienta poderosa para la promoción de nuevos lanzamientos y eventos. Los escritores pueden utilizar este canal para informar a sus suscriptores sobre la publicación de nuevos libros, promociones especiales o presentaciones. Al mantener a su audiencia informada y entusiasmada, los autores aumentan las posibilidades de generar ventas en el momento del lanzamiento. Esta estrategia es especialmente efectiva en un mercado saturado, donde captar la atención de los lectores puede ser un desafío.

Otro beneficio significativo de las newsletters es la posibilidad de compartir contenido exclusivo. Los escritores pueden ofrecer a sus suscriptores un vistazo detrás de las escenas, como avances de capítulos, historias sobre el proceso de escritura o incluso contenido adicional que no está disponible en otros lugares. Esta exclusividad no solo añade valor a la experiencia del lector, sino que también puede incentivar a más personas a suscribirse, aumentando así la base de seguidores del autor.

El boletín es una forma económica de marketing que se adapta perfectamente a los presupuestos de los escritores nuevos y autopublicados. A diferencia de otras estrategias de publicidad que pueden requerir inversiones significativas, enviar una newsletter es relativamente barato y accesible. Además, el retorno de inversión puede ser considerablemente alto si se utiliza de manera efectiva. En resumen, las newsletters no solo son una herramienta de comunicación, sino una estrategia integral que puede impulsar la carrera de un escritor en el competitivo mundo de la autopublicación.

Creación de una lista de suscriptores

La creación de una lista de suscriptores es una de las estrategias más efectivas para los escritores nuevos y autopublicados. Una lista de suscriptores no solo te permite establecer una conexión directa con tus lectores, sino que también te ofrece una plataforma para promocionar tus obras y compartir contenido relevante. Para comenzar, es fundamental entender qué tipo de suscriptores deseas atraer y qué valor les puedes ofrecer a cambio de su información de contacto. Esto puede incluir contenido exclusivo, avances de tus libros, o incluso consejos sobre escritura y autopublicación.

El primer paso para construir tu lista es seleccionar una herramienta de gestión de contactos que te permita organizar y enviar correos electrónicos de manera eficiente. Existen diversas plataformas, como Mailchimp o ConvertKit, que son ideales para escritores. Asegúrate de crear formularios de suscripción que sean fáciles de encontrar en tu sitio web y en tus redes sociales. Incluye incentivos atractivos, como un ebook gratuito o un capítulo anticipado de tu próximo libro, para motivar a los visitantes a inscribirse.

Una vez que hayas comenzado a construir tu lista, es esencial mantener una comunicación constante con tus suscriptores. Establece un calendario de envíos, ya sea semanal o mensual, y asegúrate de proporcionar contenido valioso en cada correo electrónico. Esto no solo fortalecerá la relación con tus lectores, sino que también fomentará su interés en tus futuros proyectos. Recuerda que la autenticidad y la transparencia son claves para mantener a tus suscriptores comprometidos.

Te permite mantener a tus suscriptores informados, utiliza segmentación para enviar mensajes más personalizados. Al dividir tu lista en grupos basados en intereses o comportamientos, puedes ofrecer contenido específico que resuene más con cada segmento. Por ejemplo, podrías tener un grupo que prefiera recibir consejos sobre técnicas de escritura y otro que esté más interesado en tus novedades editoriales. Esta estrategia puede aumentar la tasa de apertura y conversión de tus correos.

Monitorear y analizar los resultados de tus campañas. Las métricas como la tasa de apertura, la tasa de clics y la tasa de cancelación de suscripción te proporcionarán información valiosa sobre lo que funciona y lo que necesita ajustes. A medida que tu lista crezca, también podrás explorar nuevas formas de interactuar con tus suscriptores, como webinars o grupos de discusión. En resumen, una lista de suscriptores bien gestionada puede ser una herramienta poderosa para cualquier escritor que busque establecer una presencia sólida en el mundo de la autopublicación.

Contenido efectivo para newsletters

El contenido efectivo para newsletters es fundamental para atraer y mantener la atención de los lectores. En el mundo de la autopublicación, donde cada autor busca destacar entre la multitud, las newsletters se convierten en una herramienta valiosa para construir una relación directa con el público. Para los escritores nuevos y autopublicados, es esencial entender que el contenido debe ser relevante, interesante y útil, logrando así que los suscriptores no solo lean, sino que también se conviertan en defensores de su obra.

Un aspecto clave del contenido es la personalización. Al dirigirse a su audiencia, los escritores deben considerar los intereses y preferencias de sus lectores. Esto se puede lograr mediante encuestas o pidiendo retroalimentación, lo que permite adaptar los temas de las newsletters a lo que realmente importa a sus suscriptores. Además, incluir anécdotas personales o relatos sobre el proceso creativo puede hacer que el contenido sea más atractivo y humano, fortaleciendo la conexión entre el autor y el lector.

Otro elemento importante es la diversidad de contenido. Una newsletter efectiva no debe limitarse a la promoción de libros. Incluir contenidos como consejos de escritura, recomendaciones de lectura, reflexiones sobre la industria editorial y eventos literarios puede mantener el interés del lector. También es beneficioso ofrecer contenido exclusivo, como fragmentos de nuevos libros o acceso anticipado a proyectos, lo que incentivará a los suscriptores a abrir cada nueva edición.

La frecuencia de envío también juega un papel crucial en la efectividad de las newsletters. Es recomendable establecer un calendario de envíos que no sature a los lectores, pero que mantenga una presencia constante en su bandeja de entrada. Un enfoque balanceado podría ser enviar newsletters mensuales, aunque algunos autores optan por envíos quincenales o semanales, dependiendo de la cantidad de contenido relevante que puedan proporcionar. La clave está en encontrar un ritmo que funcione para el autor y su audiencia.

La medición de resultados es esencial para entender la efectividad del contenido. Utilizar herramientas de análisis permite a los escritores evaluar qué tipo de contenido genera más interacción, como tasas de apertura y clics. Con esta información, los autores pueden ajustar su estrategia de contenido, centrándose en lo que realmente resuena con sus lectores. De esta manera, una newsletter no solo se convierte en un medio de promoción, sino en una plataforma dinámica para construir una comunidad leal en torno a su obra.

Capítulo 17: Técnicas de edición y corrección para escritores noveles

Proceso de autoedición

El proceso de autoedición es un viaje fascinante y desafiante que todo escritor nuevo debe comprender para llevar su obra al mundo de manera efectiva. Este proceso comienza con la decisión de autopublicar, lo que implica que el autor asume la responsabilidad total de todas las etapas de producción del libro. Desde la escritura hasta la publicación, cada paso debe ser cuidadosamente considerado y ejecutado. La autoedición permite a los escritores tener control total sobre su trabajo, pero también requiere dedicación y conocimientos específicos sobre las herramientas y plataformas disponibles.

Una de las primeras etapas en el proceso de autoedición es la edición del manuscrito. Es fundamental que el autor revise su trabajo en profundidad, buscando no solo errores gramaticales y ortográficos, sino también inconsistencias en la trama y el desarrollo de los personajes. Para esto, los escritores noveles pueden beneficiarse de la contratación de un editor profesional o de la colaboración con otros escritores. Además, existen herramientas digitales que facilitan la corrección de textos, lo cual es especialmente útil para aquellos que están comenzando y aún no tienen experiencia en la edición.

Una vez que el manuscrito ha sido pulido, el siguiente paso es la creación de una portada atractiva. La portada es la primera impresión que los lectores tendrán del libro, por lo que es crucial que sea visualmente impactante y profesional. Los escritores pueden optar por diseñar su propia portada utilizando software de diseño o contratar a un diseñador gráfico. También es importante considerar el formato del libro, ya sea en digital o impreso, ya que esto influirá en el diseño y en la presentación general de la obra.

Después de tener el manuscrito listo y la portada diseñada, llega el momento de elegir la plataforma adecuada para la autopublicación. Existen diversas opciones, como Amazon Kindle Direct Publishing, Smashwords y Lulu, entre otras. Cada plataforma tiene sus propias características, comisiones y requisitos, por lo que es recomendable investigar y seleccionar la que mejor se adapte a las necesidades del autor. Además, es crucial establecer una estrategia de precios que no solo sea competitiva, sino que también valore el trabajo del autor.

Una vez publicado tu libro, el proceso de autoedición no termina. Los escritores deben implementar un plan de marketing efectivo para promocionar su obra y alcanzar a su público objetivo. Esto incluye el uso de redes sociales, la creación de una lista de correos para newsletters y la gestión de reseñas y testimonios. Construir una comunidad de lectores a través de redes sociales puede ser una estrategia poderosa para fomentar el interés en el libro y asegurar su éxito a largo plazo. La autoedición es, por tanto, un proceso integral que no solo se centra en la escritura, sino también en cómo presentar y vender la obra al mundo.

Herramientas de corrección

Las herramientas de corrección son fundamentales para cualquier escritor, especialmente para aquellos que se aventuran en el mundo de la autopublicación. La calidad de un manuscrito no solo depende de la creatividad y la originalidad del contenido, sino también de una adecuada revisión y corrección. En esta sección, abordaremos diversas herramientas que pueden ayudar a los escritores noveles a pulir su obra antes de su publicación, asegurando que el producto final sea profesional y atractivo para los lectores.

En primer lugar, es esencial mencionar los procesadores de texto como Microsoft Word y Google Docs, que ofrecen funciones integradas de corrección ortográfica y gramatical. Estas herramientas son el primer paso para detectar errores básicos en el texto. Sin embargo, es importante tener en cuenta que estas funciones no son infalibles y a menudo pasan por alto problemas más complejos, como el uso incorrecto de las palabras o la estructura de las oraciones. Por lo tanto, aunque son útiles, no deben ser la única fuente de corrección.

Aparte de los procesadores de texto, existen aplicaciones específicas de corrección y edición como Grammarly y ProWritingAid. Estas herramientas van más allá de la corrección ortográfica, ofreciendo análisis detallados sobre el estilo de escritura, la claridad y la cohesión del texto. Para los escritores noveles, estas aplicaciones son excelentes aliadas, ya que proporcionan sugerencias que pueden mejorar significativamente la calidad de la escritura. Sin embargo, es aconsejable utilizar estas herramientas como guías, y no como sustitutos del juicio personal.

Otro recurso valioso es la colaboración con beta lectores y editores profesionales. Los beta lectores son personas que leen el manuscrito antes de su publicación y ofrecen retroalimentación constructiva. Este proceso no solo ayuda a identificar errores que las herramientas automáticas pueden pasar por alto, sino que también proporciona una perspectiva fresca sobre cómo puede ser recibido el libro por el público. Por otro lado, contar con un editor profesional puede marcar la diferencia entre un libro aceptable y uno excepcional, ya que su experiencia puede guiar al autor en aspectos que van más allá de la corrección gramatical.

Finalmente, la autoeducación sobre técnicas de edición y corrección es crucial para los escritores noveles. Existen numerosos recursos en línea, cursos y libros que abordan este tema en profundidad. Aprender a editar su propio trabajo no solo ahorra tiempo y dinero, sino que también mejora las habilidades de escritura a largo plazo. La combinación de herramientas tecnológicas, la colaboración con otros y la formación continua crea un entorno propicio para que los escritores desarrollen una obra de calidad que pueda destacar en el competitivo mundo de la autopublicación.

Importancia de la retroalimentación profesional

La retroalimentación profesional es un elemento crucial en el proceso de escritura y autopublicación. Para los escritores nuevos y autopublicados, recibir comentarios constructivos sobre su trabajo puede marcar la diferencia entre un manuscrito promedio y una obra verdaderamente impactante. Esta retroalimentación no solo ayuda a identificar áreas de mejora, sino que también proporciona una perspectiva externa sobre cómo se perciben las historias, personajes y tramas. En un mundo donde la competencia es feroz, contar con opiniones de expertos puede ser el primer paso hacia la creación de un libro que resuene con los lectores.

Una correcta retroalimentación permite a los escritores jóvenes desarrollar una mentalidad de crecimiento. Al aprender a aceptar críticas y sugerencias, los autores pueden perfeccionar su estilo y técnica. Este proceso no se limita a la escritura misma; también se extiende a aspectos como el diseño de portadas y estrategias de marketing. Por ejemplo, un experto en diseño gráfico puede ofrecer consejos sobre cómo una portada atractiva puede influir en la decisión de compra de un lector, mientras que un especialista en marketing puede sugerir tácticas efectivas para construir una presencia sólida en redes sociales.

El networking es otro aspecto fundamental que se enriquece con la retroalimentación profesional. La interacción con otros escritores, editores y agentes puede abrir puertas a colaboraciones y oportunidades que de otro modo podrían haber pasado desapercibidas. Las comunidades de escritores suelen ofrecer espacios donde se puede intercambiar críticas y recomendaciones, lo que no solo mejora la calidad del trabajo individual, sino que también fomenta un sentido de pertenencia y apoyo entre los autores. Construir estas relaciones es esencial para el crecimiento y la sostenibilidad en el mundo de la autopublicación.

La gestión de reseñas y testimonios también se beneficia de la retroalimentación profesional. Los comentarios de lectores beta y críticos pueden proporcionar información valiosa sobre qué partes de una historia resonan y cuáles podrían necesitar ajustes. Estas reseñas no solo ayudan a mejorar el contenido de un libro antes de su publicación, sino que también pueden ser utilizadas posteriormente como herramientas de marketing. Las opiniones positivas pueden atraer a nuevos lectores y crear una base de seguidores leales.

La opinión sincera de tus lectores como una sana retroalimentación no debe ser vista como un ataque personal, sino como una herramienta de aprendizaje. La capacidad de adaptarse y aplicar estas sugerencias es lo que permitirá a los escritores nuevos y autopublicados destacar en el mercado. La búsqueda constante de mejora, a través de la incorporación de la retroalimentación profesional, será una de las claves para el éxito en el ámbito de la autopublicación, ayudando a los escritores a desarrollar su voz única y a construir una marca rentable que atraiga a un público cada vez más amplio.

Capítulo 18: Desarrollo de un plan de marketing para libros Autopublicados

Elementos de un buen plan de marketing para jóvenes escritores

Un plan de marketing es una herramienta esencial para cualquier escritor que desee autopublicarse con éxito. Los elementos de un plan de marketing bien estructurado permiten a los autores no solo promover sus obras, sino también construir una marca personal sólida. Un buen plan comienza con la identificación del público objetivo. Conocer a quién va dirigido el libro es crucial; esto implica investigar las preferencias, intereses y hábitos de lectura de los potenciales lectores. Una segmentación adecuada del mercado ayudará a afinar las estrategias de marketing y hacerlas más efectivas.

El siguiente elemento clave es la propuesta de valor. Cada libro debe tener una razón convincente que lo diferencie de otros en el mercado. Esto puede incluir un enfoque único en la trama, personajes memorables o un estilo de escritura distintivo. Al desarrollar una propuesta de valor clara, los escritores pueden comunicar de manera efectiva por qué los lectores deberían elegir su libro en lugar de otros. Esta propuesta debe ser utilizada en todos los materiales de marketing, desde la sinopsis hasta las publicaciones en redes sociales.

Una estrategia de marketing efectiva incluye la selección de las plataformas adecuadas para la promoción. Hoy en día, las redes sociales son una herramienta poderosa para llegar a un público amplio. Los escritores deben seleccionar las plataformas que mejor se alineen con su audiencia, ya sea Instagram, Facebook, Twitter o TikTok. Además, la creación de contenido atractivo y relevante es fundamental. Esto puede incluir publicaciones sobre el proceso de escritura, adelantos del libro, o interacciones con los lectores, lo que ayuda a construir una comunidad en torno a la obra.

El uso de herramientas de marketing digital, como newsletters, también es un elemento clave. Las newsletters permiten a los autores mantener una comunicación directa con sus lectores, informarles sobre novedades y ofrecer contenido exclusivo. Además, es importante establecer una estrategia de precios para el libro. Los escritores deben investigar el mercado para determinar un precio competitivo que refleje el valor del libro, considerando también las promociones y descuentos que puedan atraer a más lectores.

Insisto aquí en la medición y el análisis constante y continuo de los resultados son esenciales para ajustar el plan de marketing según sea necesario. Esto implica monitorear las ventas, la interacción en redes sociales y la respuesta de los lectores. Al evaluar estos datos, los escritores pueden identificar qué estrategias están funcionando y cuáles necesitan ser modificadas. La flexibilidad y la disposición a adaptarse son fundamentales en el mundo de la autopublicación, donde el entorno es dinámico y siempre cambiante. Con un plan de marketing bien definido, los escritores nuevos pueden maximizar sus oportunidades de éxito en el competitivo mercado literario.

Establecimiento de objetivos claros

Establecer objetivos claros es fundamental para cualquier escritor que se embarca en el camino de la autopublicación. Estos objetivos no solo guían el proceso de escritura y publicación, sino que también ayudan a mantener la motivación y el enfoque a lo largo del trayecto. Un objetivo bien definido actúa como un faro que ilumina el camino, permitiendo que los escritores identifiquen las metas que desean alcanzar, ya sea publicar su primer libro, construir una audiencia o generar ingresos a través de sus obras.

Al definir los objetivos, es importante que sean específicos, medibles, alcanzables, relevantes y con un tiempo determinado, lo que se conoce como la metodología SMART. Por ejemplo, en lugar de simplemente plantearse "quiero vender más libros", un objetivo SMART podría ser "vender 500 copias de mi novela en los próximos seis meses". Este enfoque no solo proporciona claridad, sino que también permite a los escritores evaluar su progreso y realizar ajustes en su estrategia cuando sea necesario.

Los objetivos deben abarcar diversas áreas del proceso de autopublicación. Esto incluye la escritura, la edición, el diseño de la portada, y las estrategias de marketing. Por ejemplo, un escritor podría establecer un objetivo de completar el primer borrador de su novela en tres meses, seguido por un objetivo para finalizar la edición en otros dos meses. También es crucial que consideren sus estrategias de marketing desde el principio, como construir una presencia en redes sociales y crear una comunidad de lectores, lo que puede ser esencial para el éxito de sus libros.

La autopublicación es un proceso dinámico y puede requerir cambios en función de la respuesta del público o de las tendencias del mercado. Al hacerlo, los escritores pueden mantenerse relevantes y adaptarse a las necesidades de su audiencia. Revisar los objetivos también permite celebrar los logros alcanzados, lo que puede ser un gran impulso motivacional.

Todo lo anterior fomenta un sentido de responsabilidad y compromiso. Cuando un escritor se compromete a alcanzar metas específicas, es más probable que tome las acciones necesarias para cumplirlas. Esto no solo se traduce en una mayor productividad, sino que también ayuda a construir una carrera sostenible en el mundo de la autopublicación. En definitiva, tener claridad en los objetivos es un paso esencial para cualquier escritor que desee tener éxito en este emocionante y desafiante camino.

Evaluación y ajuste de estrategias

La evaluación y ajuste de estrategias es un proceso fundamental para cualquier escritor que se embarca en el viaje de la autopublicación. A medida que los autores nuevos comienzan a implementar sus planes de marketing y promoción, es crucial que se tomen el tiempo para analizar qué tácticas están funcionando y cuáles no. Esto no solo ayudará a optimizar los recursos, sino que también permitirá entender mejor a la audiencia y sus preferencias. La recopilación de datos a través de herramientas analíticas en redes sociales y plataformas de ventas será un paso clave en esta evaluación.

Una vez que se haya recopilado la información, es importante establecer indicadores de rendimiento que permitan medir el éxito de cada estrategia. Por ejemplo, se pueden comparar las tasas de conversión de diferentes campañas de marketing digital o evaluar la efectividad de las portadas diseñadas para atraer a los lectores. Los escritores deben identificar qué métricas son más relevantes para sus objetivos, como el número de descargas, las reseñas recibidas o la interacción en redes sociales, y usar estos datos para guiar futuras decisiones.

El ajuste de estrategias no implica solo la eliminación de lo que no funciona, sino también la adaptación y mejora de las tácticas que ya están dando resultados. Por ejemplo, si un autor nota que su contenido en redes sociales genera más interacciones en ciertos días de la semana, puede ajustar su calendario de publicaciones para maximizar esa interacción. Es importante experimentar con diferentes formatos y enfoques, como el uso de newsletters o la creación de comunidades de lectores, para ver qué resonará más con su audiencia.

La autoevaluación regular también es crucial para el crecimiento personal y profesional del escritor. Reflexionar sobre el proceso de escritura, la recepción del libro y la interacción con los lectores puede proporcionar valiosas lecciones que van más allá de los números. Los escritores pueden aprovechar estas reflexiones para ajustar su enfoque creativo y su estrategia de marca, asegurando que cada nuevo proyecto esté alineado con las expectativas y deseos de su público objetivo.

Esa constante evaluación y ajuste de estrategias debe ser vista como un ciclo continuo e imprescindible. El entorno de la autopublicación está en constante cambio, y lo que funciona hoy puede no ser efectivo mañana. Mantenerse actualizado con las tendencias del mercado, las nuevas plataformas de autopublicación y las técnicas de marketing emergentes permitirá a los escritores adaptarse rápidamente y mantenerse relevantes. Este enfoque proactivo no solo ayudará a construir una marca sólida, sino que también facilitará el camino hacia el éxito en el competitivo mundo de la autopublicación.

Capítulo 19: Networking y colaboraciones para escritores independientes

Importancia del networking

El networking es una herramienta fundamental para los escritores nuevos y autopublicados, ya que les permite conectar con otros profesionales del sector literario. A través de estas redes de contactos, los autores pueden intercambiar ideas, obtener retroalimentación sobre sus obras y descubrir oportunidades que de otro modo podrían pasar desapercibidas. En un mundo donde la autopublicación se ha vuelto más accesible, la creación de relaciones significativas puede marcar la diferencia entre el éxito y el estancamiento.

Una de las principales ventajas del networking es la posibilidad de aprender de la experiencia de otros escritores. Participar en grupos de discusión, foros en línea y eventos literarios permite a los autores compartir sus desafíos y encontrar soluciones a problemas comunes. Además, al establecer conexiones con escritores más experimentados, los nuevos autores pueden recibir consejos valiosos sobre técnicas de marketing, estrategias de precios y la creación de una marca personal que resuene con su audiencia.

El networking también abre puertas a colaboraciones que pueden enriquecer la experiencia de escritura. Trabajar con otros autores en proyectos conjuntos, como antologías o eventos de firma de libros, no solo amplía el alcance de cada escritor, sino que también fomenta un sentido de comunidad. Estas colaboraciones pueden resultar en una mayor visibilidad y en la creación de un público compartido, lo que es especialmente beneficioso para aquellos que están comenzando su carrera literaria.

Además, el networking es crucial para establecer la presencia del autor en las redes sociales. Conectar con influencers, bloggers literarios y otros escritores en plataformas como Twitter, Instagram o Facebook puede ayudar a los nuevos autores a promocionar sus libros de manera más efectiva. A través de estas interacciones, los escritores pueden construir su marca personal y atraer a una audiencia más amplia, lo que es esencial en el competitivo mundo de la autopublicación.

En el sentido total el networking no solo se trata de conseguir apoyo y promoción, sino también de contribuir a la comunidad literaria. Al compartir recursos, recomendar libros y colaborar en eventos, los escritores no solo ayudan a otros, sino que también fortalecen sus propias redes. Esta mentalidad de colaboración es clave para el crecimiento personal y profesional, y puede llevar a oportunidades inesperadas que impulsen la carrera de un escritor independiente hacia el éxito.

Estrategias para establecer conexiones

Establecer conexiones es un aspecto crucial para cualquier escritor que busca autopublicarse con éxito. Las estrategias para crear redes efectivas no solo ayudan a aumentar la visibilidad de tus obras, sino que también fomentan un sentido de comunidad que puede ser vital para el crecimiento profesional. La primera estrategia consiste en identificar y unirse a grupos de escritores, tanto en línea como en persona. Plataformas como Facebook, Twitter e Instagram ofrecen numerosos grupos y foros donde puedes interactuar con otros autores, compartir experiencias y recibir retroalimentación sobre tus proyectos.

Otra estrategia efectiva es asistir a ferias del libro, talleres y conferencias literarias. Estos eventos son oportunidades excelentes para conocer a otros escritores, editores y agentes literarios. Interactuar en estos entornos no solo te permite aprender de los demás, sino que también te brinda la posibilidad de establecer relaciones que pueden ser beneficiosas a largo plazo. A menudo, las conexiones que se forjan en estos eventos pueden resultar en colaboraciones, recomendaciones o incluso en oportunidades de publicación.

Es muy importante la colaboración con otros escritores puede ser una estrategia poderosa. Considera la posibilidad de coescribir un libro, realizar entrevistas mutuas para tus blogs o participar en antologías. Estas iniciativas no solo diversifican tu trabajo, sino que también te permiten acceder a las audiencias de otros autores. Una colaboración bien planificada puede resultar en un aumento significativo de seguidores y, en consecuencia, de ventas de libros.

Las redes sociales también juegan un papel vital en la creación de conexiones. Utiliza estas plataformas para interactuar con tus lectores y otros escritores. Publica contenido relevante, comparte tus experiencias como autor y responde a los comentarios de tus seguidores. Esta interacción genuina puede ayudarte a construir una base de seguidores leales y a fomentar una comunidad activa en torno a tu trabajo. No subestimes el poder de una buena comunicación en línea; cada interacción puede ser una puerta abierta hacia nuevas oportunidades.

No olvides la importancia de mantener relaciones a largo plazo. Conectar una vez no es suficiente; es fundamental nutrir esas relaciones con el tiempo. Asegúrate de seguir en contacto con las personas que conoces, ya sea a través de correos electrónicos, redes sociales o encuentros en eventos literarios. Mantener la comunicación abierta y mostrar interés genuino en el trabajo de los demás puede llevar a colaboraciones futuras y a un apoyo constante en tu carrera como escritor autopublicado.

Colaboración entre escritores o con influencers

Colaborar con otros escritores y profesionales del sector puede ser una de las estrategias más efectivas para aquellos que se embarcan en el viaje de la autopublicación. La colaboración permite no solo compartir recursos y conocimientos, sino también ampliar la visibilidad y el alcance de tu obra. Cuando te unes a otros escritores, puedes crear sinergias que beneficien a todos los involucrados. Por ejemplo, puedes organizar lecturas conjuntas, donde cada autor presenta su trabajo, lo que atrae a diferentes audiencias y genera un ambiente de apoyo mutuo. Esas colaboraciones pueden llevarse a cabo en forma de antologías o proyectos colectivos. Unir fuerzas con otros escritores para crear un libro que compile relatos, ensayos o poesías puede ser una excelente manera de diversificar tu portafolio y alcanzar nuevos lectores. Estos proyectos no solo ofrecen la oportunidad de mostrar tu trabajo junto al de otros, sino que también pueden ser una plataforma para aprender de las técnicas y estilos de escritura de tus compañeros, enriqueciendo así tu propia práctica literaria.

El networking es otro aspecto crucial de la colaboración. Asistir a eventos literarios, ferias de libros o talleres puede facilitar el contacto con otros escritores, editores y profesionales del marketing. Estas interacciones pueden abrir puertas a futuras colaboraciones, ya sea en términos de coautoría, promoción cruzada o incluso en la creación de comunidades de lectores. Al establecer relaciones sólidas en la industria, te posicionas mejor para recibir apoyo y consejos que pueden ser vitales en tu camino hacia la autopublicación exitosa.

Las plataformas digitales ofrecen un sinfín de oportunidades para colaborar. Puedes utilizar redes sociales para conectar con otros escritores y compartir contenido relevante. Las comunidades en línea permiten crear grupos de apoyo, donde se pueden intercambiar ideas, estrategias y recursos. Además, considera la posibilidad de realizar webinars o podcasts en conjunto, donde cada colaborador pueda aportar su perspectiva. Estas iniciativas no solo benefician a los participantes, sino que también brindan valor a tus audiencias, creando un círculo virtuoso de aprendizaje y promoción.

Al trabajar con otros, puedes solicitar reseñas de tus libros a escritores con los que hayas colaborado, lo que puede aumentar tu credibilidad y alcanzar a sus seguidores. Asimismo, ofrecer tu apoyo a las obras de otros no solo fortalece tus lazos, sino que también muestra a los lectores que estás comprometido con la comunidad literaria. Este tipo de acciones construyen una reputación positiva y pueden ser determinantes en el éxito de tus esfuerzos de autopublicación.

Don't miss out!

Visit the website below and you can sign up to receive emails whenever Wilmer Antonio Velásquez Peraza publishes a new book. There's no charge and no obligation.

https://books2read.com/r/B-A-QWWS-LPOEG

BOOKS 2 READ

Connecting independent readers to independent writers.

Did you love *Escribe y publica tu obra: Todo lo que necesitas saber sobre el negocio de la Autopublicación*? Then you should read *¿Cómo hacer Best Sellers tu libro en Amazon?*[1] by Wilmer Antonio Velásquez Peraza!

[2]

A Wilmer Antonio Velásquez Peraza, le conozco más de 40 títulos debidamente publicados en Amazon, recién fue declarado Best Seller por su libro "Nuestro Sueño Hecho Realidad. La historia de lo que pudo ser"

Es promotor y motivador por su constancia y pasión por escribir, por sus capacidades y competencias, confirmadas y reconfirmadas con su amplia trazabilidad y conocimiento del medio virtual en sus diferentes representaciones conocidas como redes sociales, no tengo reparo en declarar que es uno de mis autores favoritos.

---

1. https://books2read.com/u/4NdQ6J

2. https://books2read.com/u/4NdQ6J

Es que, en la vida, aquel que tiene objetivos claros, camina hacia ellos desechando escollos y ganando experiencia, y tiempo...

Porque si pones toda tu mente, todo tu corazón, toda tu alma, toda tu pasión en eso que haces con la entrega construida desde el más puro y profundo amor, sin cansancio, ni expectativa, más que ese deseo genuino de dar de ti lo que eres y sabes, el éxito y la fortuna te perseguirán inequívocamente.

Así, escribo este prólogo de "CÓMO HACER BEST SELLER TU LIBRO EN AMAZON decodificando el algoritmo del gigante tecnológico" indiscutible Best Seller, con lo que en inglés sería un "advice" y en español un "consejo" para ti, querido lector, por quien y para quien, finalmente, son todas nuestras creaciones:

Hoy más que nunca, cuando esta humanidad parece cada vez más autodestructiva y alejada de aquellos valores divinos que nos enseñan a amar al prójimo, frente a una salvaje e inhumana competencia que cierra "casi" todos los caminos, esta obra creación de Wilmer Antonio Velásquez Peraza.

Tal como fue concebida, viene a ser como "un oasis en el desierto" y te insta a tomar las riendas de tu vocación y deseo más íntimo, buscando promover en ti el conocimiento necesario para ser "cabeza de ratón en lugar de cola de león" como una manera de decirte que tus sueños son posibles si y solo si tu empeño, dedicación y apasionada entrega te llevan a verlos realizados...

Precisamente, para ello puedes desde ya contar con esta obra: "CÓMO HACER BEST SELLER TU LIBRO EN AMAZON decodificando el algoritmo del gigante tecnológico" donde se te develan abiertamente todos los secretos del gran monstruo editorial, sin ambages ni limitaciones de ninguna índole, porque somos libres y quien escribe es un autor independiente experimentado y conocedor, curtido de verdad.

"CÓMO HACER BEST SELLER TU LIBRO EN AMAZON" es un material pensado y elaborado concienzuda y amorosamente por el autor para ayudar a tu consagración y realización como futuro Best Seller.

Aprovéchalo y disfrútalo en todas sus casi 20.000 palabras, en la certeza de que hallarás de forma expedita el camino a tu éxito de forma orgánica y muy original.

Read more at https://kdpeditorialdesign.com/.

Also by Wilmer Antonio Velásquez Peraza

Ambiente, permacultura y vida
Educación Ambiental

Cinematografía, el guion y Redacción artística
Escribe y publica tu obra: Todo lo que necesitas saber sobre el negocio de la Autopublicación

Comunidad, cultura y sociedad
Influencia de las redes sociales en el rendimiento estudiantil a nivel media diversificada

Copywriting Hoy
Copywriting Hoy

Desafíos y oportunidades de la Inteligencia Artificial
Gana dinero con Inteligencia Artificial

Finanzas & Libertad Fnanciera
Dinero en línea Interconexión Global
Trading Studio 2.0

Literatura didactica e Infantil
Aprendiendo, creando y jugando

Marketing & Publicidad
SEO & Marketing 2023

Producción, logística y Exportación
Producción y logística para la exportación de mango y aguacate

SEO & Marketing
¿Cómo hacer Best Sellers tu libro en Amazon?

Tutoriales Cómo ganar dinero en Internet
¿Como ganar dinero vendiendo Ebooks en Internet? Guia paso a paso 2024.

Watch for more at https://kdpeditorialdesign.com/.

About the Author

Copywriter certificado y especialista en storytelling con conocimientos y experiencia en marketing digital, el CEO fundador de KDP Diseño Editorial y Lcdo. En gestión social y Planificador, diplomado en docencia universitaria, investigador analista de desarrollo social y promotor social comunitario, escritor, redactor profesional, storytelling y redacción SEO Optimizada así como a crear textos publicitarios para todo tipo de recursos digitales en internet, páginas web, landing page, pillar page, diseño gráfico, prologuista y editor, corrector, ortotipográfico, semántica, sintaxis y redacción publicitaria de perfiles de plataformas diversas en internet

Read more at https://kdpeditorialdesign.com/.

www.ingramcontent.com/pod-product-compliance
Lightning Source LLC
LaVergne TN
LVHW051104051026
849532LV00004BB/1428

* 9 7 9 8 2 3 0 6 0 0 2 4 4 *